Bouesse en Berry

Chateau et Terre

M DCCCC XIV

Bouesse en Berry

Notes et Souvenirs

pour mes petits-enfants.

Bouesse en Berry

Chateau et Terre

IMPRIMERIE CHAIX
—
M DCCCC XIV

BOUESSE AVANT LES TEXTES.

LA CHARTE DE 1229.

LE SEIGNEUR DE BOUESSE PREND LE PARTI DES ANGLAIS.

JEANNE D'ARC EN BERRY.

LA FAMILLE DE GAUCOURT.

LES GAUCOURT AU CHATEAU DE BOUESSE (1462-1792).

LES ÉCUS ARMORIÉS DE LA GROSSE TOUR.

LE CHATEAU, CONSTRUCTION D'ARCHITECTURE MILITAIRE

DE LA FIN DU MOYEN AGE.

LE DAUPHIN ORLAND (1492-1495).

LES FORGES DU BERRY.

LA SEIGNEURIE DE CLUIS-DESSUS DÉTACHÉE

DE CELLE DE BOUESSE.

CONSTRUCTION DE L'ÉGLISE. — DÉCORATION DU SALON.

LES DROITS SEIGNEURIAUX EN BERRY EN 1767.

INVENTAIRE DE 1783.

INVENTAIRE DE 1792.

PLAN DU CHATEAU RECONSTRUIT AU XVe SIÈCLE,

MODIFIÉ AU XVIe.

VENTE NATIONALE DU CHATEAU, 30 FRUCTIDOR, AN IV.

ESTIMATION DES TERRES ET LEUR ADJUDICATION,

19 GERMINAL — 27 BRUMAIRE AN VI.

DEMANDE D'INDEMNITÉ

FAITE PAR LES DESCENDANTS DE L'ÉMIGRÉ GAUCOURT.

LES DESCENDANTS DE LA FAMILLE DE GAUCOURT.

LES POSSESSEURS DE BOUESSE APRÈS LA RÉVOLUTION.

BOUESSE AVANT LES TEXTES

L ES origines de Bouesse [1] restent inconnues.

Nous n'avons pas, dans les textes, la forme latine de notre Bouesse ; mais une localité du Département actuel du Loiret, dont le nom existe encore aujourd'hui sous la forme de Boësses, est dite, dans les textes du xiii° siècle, « Villa de Buxiis », ce qui indique une région dans laquelle poussait le buis.

Des fouilles faites en 1860 dans la cour intérieure du château ont exhumé de nombreuses tombes, beaucoup d'ossements humains réunis sans sépulture, des morceaux d'objets usuels, armes, éperons, piques ; la plupart de ces fragments peuvent être attribués à l'époque gallo-romaine.

Sur la contrée de Bouesse à l'époque gauloise

1. *Boises, orthographe de Jean Chaumeau. Boisses (Nicolas de Nicolay). Boesses ou Boësses d'après différentes cartes du Berry. Radulphus de Buxiis, seigneur du xiii° siècle.*

aucun souvenir exact, sauf la découverte de trois pierres *milliaires* sur la route de Poitiers à Argenton et, sur ces bornes, les distances inscrites en lieues gauloises.

On peut donc supposer que le pays existait déjà, percé de routes, à l'époque où la Gaule n'avait pas vu les armées romaines.

La situation de Bouesse sur la voie romaine d'Argenton à Lyon par Néris, qu'on retrouve encore dans les champs de Bouesse, près de la Grande Métairie, voie mentionnée dans l'itinéraire d'Antonin et dont la chaussée, d'une largeur de six mètres avec deux rangs de bordures en calcaire dur bien alignées et formant encaissement de l'empierrement, fait présumer l'existence d'une villa romaine construite par les nouveaux dominateurs de la Gaule et qui a pu subsister jusqu'à l'époque féodale. Ces villas étaient alors des agglomérations de bâtiments sans symétrie, entourées d'enceintes, de palissades ou de fossés.

Les villas mérovingiennes, transition entre la villa romaine et la forteresse féodale, ressemblaient à de grandes fermes où résidaient les colons ou esclaves chargés de l'exploitation.

A Bouesse, il y avait *villa* et *fortelesia,* distinctes l'une de l'autre, qui devaient appartenir de temps immémorial aux seigneurs de Cluis.

LA CHARTE DE 1229

LE plus ancien document écrit sur Bouesse est une charte, extraite du cartulaire de l'archevêché de Bourges, publiée en entier par La Thaumassière *(Coutumes locales du Berry, page 85)* et qui date de 1229.

Eudes de Cluis affranchissait ses sujets de la villa de Boësses et leur confirmait les coutumes établies par ses prédécesseurs :

« Nous, Eudes, seigneur de Cluis, faisons savoir à
» tous, présents et futurs, que nous avons accordé à
» tous nos sujets des deux sexes de la villa de Boësses
» une liberté telle qu'ils pourront disposer entre eux
» de leurs immeubles, par acte de vente, jouir pleine-
» ment de leurs biens meubles et en léguer, à leur
» volonté, la troisième partie par testament.

» De plus je les ai exemptés, à jamais, de tout droit
» de taille, de mortaille, de telle sorte pourtant que

» tous ceux qui auront des bœufs de labour me
» donneront à moi et à mes successeurs six boisseaux
» de froment et six d'avoine, mesure de Cluis, et
» paieront à Noël cinq sous de la monnaie courante.

» Ceux qui n'auront pas de bœufs de labour ne
» seront tenus de payer que deux sous avec une mine
» de froment et une autre d'avoine; en outre, tous
» mes sujets, hommes et femmes, devront payer à ma
» mort cinq sous qui tiendront lieu de droit de
» mortaille.

» J'ai placé mes sujets de Bouesse et tout ce qui
» leur appartient sous la protection et la défense de
» Monseigneur l'Archevêque de Bourges, et, la main
» sur les Saints Évangiles, j'ai juré l'inviolable
» observation de toutes ces promesses. »

Dans la dernière partie de cette charte il est fait
mention du château fort de Bouesse.

« Et, en outre, je réserve toujours pour moi et
» mes héritiers le droit de faire entretenir *fortelesiam*
» *de Boësses* par mes sujets qui seront tenus d'aider à
» en conserver les murs et clôtures en bon état [1]. »
» En foi de quoi, moi, Eudes de Cluis, j'ai envoyé à
» l'Archevêque de Bourges des lettres scellées de mon
» sceau. »

---

1. « *Et insuper ego, heredis mei fortelesiam de Boësses faciemur firmari, et ex tunc dicti homines ad clausuram in bono flatu tenendam adjuvare tenebuntur.* »

Eudes de Cluis vivait encore en 1248; il reconnut, cette même année, qu'il était obligé de rendre à Guillaume de Chauvigny le bourg de Cluis et la forteresse du Repaire à grande et petite force. Il mourut sans postérité.

✠

Itier II, seigneur de Magnac, son neveu, fut après lui seigneur de Cluis, Bouesse, et père de :

Itier III, qui eut pour fils :

Itier IV, dont :

Itier V, seigneur de Magnac, Cluis, Bouesse, qui eut pour héritier sa sœur :

Belle-assez de Magnac, mariée d'abord à Aimeri de Castes, chevalier en 1360, à qui elle apporte Cluis-dessus et Bouesse.

LE SEIGNEUR DE BOUESSE

PREND LE PARTI DES ANGLAIS

En 1369, le roi donne à Guy de la Trémoille, chambellan du duc de Bourgogne et à Guillaume de La Trémoille, son frère, écuyer tranchant du même prince, les châteaux, villes, châtellenies et terres de Cluis-dessus et Bouesse-en-Berry, qu'Aimeri de Castes, chevalier *tenant le parti des Anglais,* détenait de l'héritage de Belle-assez de Magnac, sa femme.

Aimeri de Castes mourut peu de temps après.

Aux Archives nationales, X^{ic} 23, n° III, à la date du 8 Octobre 1371, on trouve la relation d'un curieux procès soumis au Parlement pour départager « Messire
» de Chauvigny, chevalier seigneur de chasteau Raoul,
» d'une part, et nobles hommes messires Guy de la
» Trémoille, chevalier, et Guillaume de la Trémoille,
» escuier, d'autre part, pour cause des chasteaux,
» villes, terres, seigneuries et appartenances quel-

» conques de Cluis-dessus et de Boësses que chacune
» des dictes parties dit à soy appartenir...

» Accordé est, s'il plaist à la Court que la dicte
» cause est continuée en état et en espérance, d'accort
» et de pais, en l'état qu'elle est à présent jusques à
» l'endemain de la feste Saint-Andrieu, prochainement
» venant; et dès maintenant nos diz seigneurs les Prési-
» denz ont mis et mettent les diz châteaux et châtelle-
» nies, villes, terres, justices et seigneuries de Cleues
» et de Boisse, émolumens, prouffiz, revenus, apparte-
» nances et appandances quelconques d'iceuls, verba-
» lement en la main du roy notre sire et dedans les
» octaves de la fête de Toussaing prochainement
» venant, seront mis et baillé réalement et de fait en
» la main de Messire Guillaume de Neillac, chevalier
» qui par la dicte main du roy notre sire, comme
» souveraine, les tiendra, gouvernera et fera gouverner
» aux coux d'icelle au prouffit de la partie qui
» obtendra, jusques atant que autrement soit sur
» ordonné, etc.

» *Fait le VIIIe jour d'octobre MCCCLXXI* »

Et aux Archives nationales, X^{ie} 24^b, n° 163, en
date du 11 Mai 1372, on trouve :

« Accord entre les mêmes, ensuite d'un procès
» à Parlement par raison du chastel et chastellenie de
» Cluys-dessus et de Boësses, assis en la baronnie de

» Chasteau-Raoul qui furent jadis à messire Aymery
» de Castes et à madame Belle-Assez de Magnac, sa
» femme, lesquelles terres, le dit messire Guy de
» Chauvigny disoit à lui appartenir, tant à cause de
» certain don à lui fait d'icelles terres par le roy, notre
» sire, à cause de forfaiture par ce que les diz mariez
» avoient tenu et tiennent la partie des Angloys comme
» par autres causes et moiens; les diz frères disans et
» proposans le contraire, et que à eux appartiennent
» les dites terres, etc. Par tiltre de don à euls faict
» par le roy comme forfaites, pour ce que le dit messire
» Aymeri et sa femme se estoient tournez par devers
» le roy d'Angleterre ennemi du royaume et que leur
» droit et tiltre estoient préalables et meilleures en
» droit... »

Et enfin :

« Accordé est, s'il plaist à la Court... etc.. que le
» chastel et chastellenie de Cluys-dessus, apparte-
» nances et appendances demourra perpétuellement
» au seigneur de Chasteau-Raoul pour lui et ses
» hoirs.

» Et le dit chastel et chastellenie de Boësses sera,
» demourra et appartendra aux diz frères La Tré-
» moille... senz ce que le dit seigneur de Chasteau-
» Raoul y puisse rien demander, sauve la souveraineté
» et les autres droiz, tels comme il avoit d'ancienneté
» au temps des prédecesseurs du dit messire Aymeri

» et se avait, il le quitte, cesse et transporte ès diz
» frères... etc. »

Au dos le brouillon de l'arrêt du Parlement dans
lequel cet accord devait être inséré.

Au mois de Juillet 1372, un traité intervint entre
les commissaires du roi et Belle-assez de Magnac,
veuve d'Aymeri de Castes, qui obtint des lettres de
rémission et la restitution de ses terres de Cluis et
Boesses moyennant qu'elle serait désormais fidèle au
roi.

Belle-assez de Magnac se remaria en 1372 avec
Guy de Seuly, fils de Marie de Chauvigny, seigneur
de Beaujeu, qualifié en 1379 seigneur de Cluis et de
Bouesse; elle vivait encore en 1406.

Son fils Geoffroy de Seuly, seigneur de Beaujeu,
Cluis-dessus, Bouesse, Gournay, Ainay-le-Vieil, eut
de Catherine de Veaux entre autres enfants :

Belle-assez de Seuly, dame de Cluis-dessus, Bouesse,
Gournay, Ainay-le-Vieil, qui épouse vers 1430 Charles,
baron de Culant et de Châteauneuf-sur-Cher, conseiller
et chambellan du Roi, devenu Grand Maître de France
et gouverneur de Paris. Elle vivait le 4 août 1452.

En 1379, transaction à la suite de laquelle les seigneuries de Cluis et Bouesse sont déclarées de la mouvance de Châteauroux.

Charles de Culant transige le 19 mars 1433 avec Guy de Chauvigny, seigneur de Châteauroux, pour le maintien de la forteresse qu'il avait élevée à Cluis-dessus, malgré l'opposition dudit Chauvigny. Le 14 Juillet, vaincu par Guy de Chauvigny, il est obligé de démolir cette forteresse.

Charles de Culant contracta un second mariage en 1458, avec Catherine de Castelnau et mourut vers 1460, laissant de nombreux enfants de Belle-Assez de Seuly.

JEANNE D'ARC EN BERRY

CHARLES de Culant était neveu et devint l'héritier de Louis de Culant, Amiral de France, un des compagnons de Jeanne d'Arc, qui combattit à Patay et assista au sacre. Il est donc probable que si, suivant l'interprétation des chroniques et traditions anciennes, Jeanne d'Arc a fait au mois de Février ou Mars 1430 une chevauchée aux marches du Berry pour ranimer la foi des plus illustres chefs de l'armée de Charles VII, elle alla visiter le neveu de son compagnon à Bouesse ou à Cluis-dessus.

Partie de Bourges, passant à Châteauneuf-sur-Cher, seigneurie de Louis de Culant, visitant le baron de Linières, puis Georges de la Trémoille à Bommiers, Macé de Barbançois à Sarzay, elle s'arrêta à Cluis-dessus ou à Bouesse, pour aller à Orsennes voir Foucaud de Chamborant, dont la femme Jacquette de Cluis était parente de Raoul de Gaucourt, le père du futur possesseur de Bouesse, l'un des conseillers les plus écoutés de Charles VII. Jeanne a dû continuer ses visites à Jean de Prie à Gargilesse, Jean de Naillac à Châteaubrun, et terminer sa chevauchée sur les frontières méridionales de la province de Berry, en s'abstenant de passer à Sainte-Sevère, ville longtemps place d'armes principale des Anglais dans le pays, qui avait pactisé avec eux et dont les habitants, longtemps après, étaient surnommés « *les Anglais de Sainte-Sevère* ».

A la mort de Charles de Culant en 1460, les terres de Cluis-dessus et de Bouesse qu'il possédait encore du chef de sa femme furent vendues par les tuteurs de leurs enfants à CHARLES DE GAUCOURT, SEIGNEUR DE CHATEAUBRUN, auquel Guy de Chauvigny, seigneur de Châteauroux, fit don le 3 juin 1462, en qualité de seigneur féodal, des droits de rachat à lui dus par suite de cette acquisition.

Le 28 du même mois et an, Charles de Gaucourt rendit foi et hommage au même seigneur de Châteauroux, en conséquence de l'acquisition faite par lui de la terre de Cluis-dessus.

Le lendemain (29 juin 1462), il transigeait avec l'abbé de Saint-Gildas-lès-Châteauroux relativement aux droits de rachat dus à celui-ci sur la seigneurie de

Bouesse. Ce ne fut donc pas en 1432, comme le dit la Thaumassière, que Cluis-dessus et Bouesse furent acquis par Charles de Gaucourt qui, jeune encore en 1448, fit cette acquisition en 1462.

Il était fils de Raoul VI, seigneur de Gaucourt et Argicourt, en Picardie, premier chambellan du roi, gouverneur du duché d'Orléans qui, par son mariage avec Jeanne de Preuilly, était devenu seigneur en partie de Châteaubrun, Vaulx, Ardentes, Montipouret en Berry, de Naillac et de Fleurac en Marche.

LA FAMILLE DE GAUCOURT

L es Gaucourt descendaient des comtes de Clermont en Beauvoisis. Ils prennent le nom de Gaucourt en 1217.

La branche aînée portait la particule, la branche cadette ne l'avait pas.

Leur cri de guerre : Clermont! Clermont!

Leurs armes : « semé d'hermine aux deux barbeaux adossez de gueules ».

En 1423, Isabeau de Gaucourt, fille de Raoul IV de Gaucourt, bailli de Rouen sous Charles VI, épouse Jean de Naillac, sénéchal du Limousin. Après la mort de son mari, elle fut enlevée par le seigneur de Brosse, de Boussac, qui l'emmena à Châteaubrun.

Madeleine de Gaucourt épousa en 1505 le seigneur de Vatan, bailli et gouverneur du Berry, après Gilbert Bertrand son beau-frère, seigneur du Lys-Saint-Georges, le gardien de Ludovic Sforza.

Jean de Gaucourt fut évêque, duc de Laon et pair de France (1460).

Jehan de Gaucourt, archidiacre de Joinville, chanoine de la cathédrale de Châlons, seigneur en partie de Maisons-sur-Seine.

On peut voir dans la cathédrale de Châlons une inscription placée sur une pierre rectangulaire encastrée dans le mur du transept nord, portant la date XCCCC et XV, dimanche, seizième jour de février et premier dimanche de la Septuagésime, portant fondation de « Quatre messes perpétuelles pour luy, son père, sa » mère, parens, amis et bienfaiteurs, à chanter et à » célébrer chascune semaine et se doibvent dire depuis » la première pulsacion de prime iusque au commen- » cement de chanter prime... »

Aux quatre angles, l'écu des Gaucourt dont un moulage a été fait pour Bouesse.

Enfin, le grand homme de la famille, Raoul VI de Gaucourt, à 14 ans écuyer tranchant de Charles VI, nommé chevalier à la bataille de Hongrie contre les infidèles, combat avec le duc de Bourgogne contre les Liégeois en 1408. En 1415 il soutient l'armée du roi pendant huit mois au siège d'Harfleur et la rend, faute de secours. Le roi d'Angleterre, ayant considéré quel *préjudice et retardement* avait causé l'opiniâtre défense de ce grand capitaine, l'emmena prisonnier en Angleterre pendant dix ans. Il est mis en liberté après avoir donné ses enfants en otage aux Anglais et plus tard les états d'Auvergne lui avancent 5oo écus pour l'aider à payer leur rançon.

Le document historique, signé sur vélin et daté 14 septembre 1445, se trouve dans les archives de Bouesse : « Pour nous aider à paier la rançon de noz enfans qui sont en hostaige ès mains des Anglois, prisonniers par nostre fait à cause de ce que nous feusmes prins des ditz Angloiz, nous estans au service du roy ». Raoul VI de Gaucourt est à Orléans, à côté de Jeanne d'Arc en 1429, se trouve au siège de Rouen et figure à côte de Charles VII entrant solennellement dans la capitale de la Normandie.

Il est témoin au procès de réhabilitation de Jeanne d'Arc en 1456; sa femme est au nombre des matrones consultées par le roi sur la virginité de Jeanne et qui attestèrent qu'elle était digne de porter le surnom populaire de la *Pucelle*.

A 8o ans, il fut encore nommé gouverneur de Gisors. Il existe aux archives de Bouesse une pièce signée de lui, sur vélin, datée du 6 juillet 1452 et portant reçu de ses gages [1] comme capitaine de Gisors. Il n'existait plus en Octobre 1469. Il est indiqué : « Miles insignis et ex generosis Proavis duceus originem ».

[1]. *1.000 livres tournois par an).*

LES GAUCOURT A BOUESSE

L'ACQUÉREUR de Bouesse en 1462, fils du grand
Gaucourt, s'intitule CHARLES DE GAUCOURT, PREMIER
DU NOM, seigneur de Gaucourt, Argicourt, Châteaubrun,
Vierzon, Cluis-dessus, Bouesse, Gournay, conseiller et
chambellan du roi, lieutenant général, gouverneur de
Paris et de l'Isle de France.

Il se marie le 8 octobre 1454 à Agnès, dite Collette
de Vaux, morte en 1471.

« Dans son contrat de mariage *(Bibl. Nationale*
» *P. O.)* la dame Collette de Vaux apporte douze mille
» écus qu'elle veut être employés en acquisition de
» terres ; elle déclare qu'outre cela, elle avait pour neuf
» mille écus de bagues, joyaux et autres meubles qu'elle
» séparait de la communauté et dont elle se réservait
» la disposition. »

Raoul de Gaucourt assigne à la demoiselle future
la somme de cinq cents livres de rente pour son douaire

et déclare qu'il émancipait et mettait hors de sa puissance le Charlot de Gaucourt, son fils.

Charles Ier de Gaucourt avait été nommé écuyer d'honneur du roi en 1452, chambellan en 1457. Louis XI le créé chevalier en 1461, en la ville de Reims, le jour de son sacre. Le 7 Mars 1464, le roi lui donne commission de se transporter en Berry, pour maintenir cette province en son obéissance, après que Charles, duc de Berry, se fut retiré en Bretagne.

Il donne quittance le 19 Février 1460 à Gilles Cornu, changeur du Trésor du roi, de 1.200 livres, à lui données par le roi, pour le récompenser du revenu de la terre d'Argenton que ce prince lui avait naguère donné. Cette quittance est scellée du sceau aux armes Gaucourt, avec deux lions comme support, casque à cimier surmonté d'un long cou de cygne.

Par lettres du 27 Octobre 1465, Louis XI, en récompense de la somme de vingt-quatre mille écus d'or que le roi devait à son père Raoul VI, transporte à Charles I et à sa femme la ville, châtellenie et seigneurie de Vierzon avec le grenier à sel que notre Gaucourt remet le 30 Juin 1469 au duc de Bouillon.

Le 21 Juin 1472, il est nommé par commission royale lieutenant général pour le roi à Paris. « Pou-» voir de lieutenance générale pour le roi, en la ville » de Paris, pendant son absence, pour s'opposer aux

» entreprises de Charles de Bourbon et ses adhérens
» rebelles, entrés en armes dans le royaume [1]. »

On trouve un *jetton* de Charles, seigneur de Gaucourt, chevalier, lieutenant général de la ville de Paris
et de l'Isle de France; il représente un écu losangé,
semé d'hermine à deux bars adossez avec légende :
« Karolus dux de Gaucourt, locutenes genalis Parisi »;
au revers, les armes de France avec couronne fleuron-
née. « Regnate Dmo nro Ludovico XI, anno Dmi
MCCCCLXXII [2] ». Il était *procteur* de l'Université
de Paris avec laquelle il entretenait les meilleurs rapports.

Le 1er Juillet 1472, il se rendait dans son sein,
porteur d'une lettre de Louis XI, qui la priait de faire
dire des prières pour la réussite de ses projets et pour
la conservation et salut du royaume [3].

Le 7 Juillet 1473 il est remboursé d'une somme de
3.000 livres avancée pour le roi.

Ce grand seigneur, puissamment riche, était aussi
le protecteur des arts. C'est ainsi qu'il avait chargé
Robert Gaguin, ministre général de l'ordre de la Trinité, de faire illustrer pour lui un manuscrit de la *Cité
de Dieu. (M. S. français 18-19 conservés à la biblio-*

1. *Arsenal M. S. 5454, recueil Conrart* « *l'homme au silence prudent* ».

2. *Bib. nat. Cabinet de M. de Clairambault.*

3. *Du Boullay : Hist. de l'Université de Paris; Crévier, id.*

thèque nationale, exposés à l'exposition des primitifs, Nᵒˢ 141 et 142 du catalogue de cette exposition faite à la bibliothèque nationale en 1904.)

Ce magnifique manuscrit, dont l'enluminure s'achevait en 1483, était destiné à Charles de Gaucourt; il a successivement appartenu à Jean de Bouré, l'un des plus intimes conseillers de Louis XI, et à Louis Mallet de Graville.

L'exécution de ses peintures a eté dirigée par Robert Gaguin et confiée à un peintre nommé François « egregius pictor Franciscus ».

On suppose que le peintre François devait être un fils de l'illustre peintre tourangeau Jean Fouquet. Dans les bordures de ce manuscrit, les initiales de Charles de Gaucourt et de Collette de Vaux sont représentées A joint au C par un entrelacs d'amour.

Au 22ᵉ recueil des « Epistolœ et orationes » publié à Paris, 1498, édition in-4° de Bocart et dans les volumes de la bibliothèque littéraire, Thuasne 1904, 2 volumes Boucher, page 50, on trouve la curieuse lettre de :

« Robert Gaguin à Charles de Gaucourt chevalier salut :

» Les indications des miniatures et l'agencement » des « hystoires » que vous m'avez commandé de

» peindre au livre de la Cité de Dieu ont été remis par
» nous au célèbre peintre François qui les a exécutés
» dans la perfection, comme il s'y était engagé.

» C'est en effet un artiste si parfait dans l'art de
» peindre qu'Apelles s'inclinerait à bon droit devant lui.

» En outre, nous avons depuis longtemps terminé
» le Justin ; Noël, votre copiste, l'a-t-il achevé ? Je n'en
» sais trop ? Quant à moi je désire que toutes vos
» affaires, qui, comme j'apprends, deviennent meil-
» leures de jour en jour, s'arrangent bien, et je fais des
» vœux pour que la Fortune, bienveillante et souriante
» qui les élève et les accroît, les favorise toujours.

» C'est pourquoi nous espérons que les choses
» publiques iront bien tant qu'elles seront dirigées par
» vos conseils et votre valeur. Car, outre votre amour
» éternel pour les lettres, j'ai appris à connaître votre
» probité et votre constance. Continuez donc, obéis-
» sant à Dieu d'abord, puis à la raison.

» Que la justice soit votre compagne. Que nulle
» crainte ne l'éloigne, que nulle colère ne la voile, que
» nul désir ne l'influence.

» Vous êtes heureux, votre fils ne l'est pas moins,
» qui vient d'être promu à l'Évêché d'Amiens. Aussi
» vous féliciterai-je de votre bonheur, ne vous deman-
» dant qu'une seule faveur, celle de me compter au
» nombre de vos amis.

» Commandez ce que vous voudrez que je fasse,
» j'entendrai et j'obéirai. Adieu homme très noble.
» Paris, 19 août 1473 » [1].

Le 20 Mars 1480, Charles de Gaucourt reçoit du duc de Bourbon usage dans ses forêts pour sa maison de Châteaubrun. Devenu gravement malade, il est relevé de ses fonctions de gouverneur de Paris où il est remplacé par Jean Cellardeau, évêque de Marseille.

La chronique de Louis XI, appelée la *Scandaleuse*, rappelle sa mort en l'an 1482 et fait son éloge en disant : « Il fut fort pleint, car il était un homme bon et hon-
» nête chevalier, beau personnage, sage homme et
» grand clerc ».

Il fut inhumé dans l'église Saint-Jean-de-Grève. Il laissa deux fils, Charles de Gaucourt II, qui lui succéda et Jean, évêque d'Amiens.

C'est à Charles de Gaucourt Ier, qu'est dû, en grande partie, la reconstruction du château de Bouesse qui fut terminée par son fils Charles de Gaucourt IIe du nom ; on peut dater cette reconstruction entre 1482 et 1492.

1. *Les manuscrits de la Cité de Dieu, par M. le Comte Alex. de Laborde.*

LES ÉCUS ARMORIÉS DE LA GROSSE TOUR

Sur la frise sculptée qui orne la Grosse Tour du château sont conservés quatre écussons avec les signes héraldiques sculptés en relief.

Le premier est l'écusson du roi Louis XI : mi-parti de France et de Savoie. *(L'écusson de Savoie est mal représenté; la croix qui devrait être partagée par la moitié, verticalement, ne montre que son bras gauche.)*

Louis XI avait épousé en 1451 Charlotte de Savoie; ils moururent tous deux en 1483. Ce premier écu est terminé par une couronne royale ouverte.

Le deuxième est l'Écu de France de Charles VIII, roi en 1483, marié en 1491 à Anne de Bretagne, au Château de Langeais édifié en 1464; la couronne qui le surmonte est fermée. C'est en effet le premier de nos rois qui porte une couronne fermée.

Le troisième écusson « Écartelé de France et du Dauphiné » : les armes du Dauphin Charles Orland, fils de Charles VIII, né en 1492.

Le quatrième écusson, à distance respectueuse des trois autres, est celui des Gaucourt : « d'hermine aux bars adossés de gueules ».

LE CHATEAU
ARCHITECTURE MILITAIRE
DE LA FIN DU MOYEN AGE

L E château, commencé à la fin du règne de Louis XI avait été achevé dans les premières années du règne de Charles VIII, qui avait succédé à son père en 1483. L'amitié de Louis XI et les faveurs de ce roi et de son successeur pour les Gaucourt motivent les écussons royaux et confirment le respect de ces grands seigneurs pour leurs rois.

C'est ainsi qu'on peut expliquer l'existence à Bouesse d'un écu royal dont l'emplacement primitif n'a pu être identifié, sculpté en relief et supporté par deux admirables figurines d'angelots dont les draperies indiquent un art du xve siècle d'un naturalisme déjà très savant.

Il faut se souvenir que dans le désarroi où l'invasion étrangère avait jeté l'école des sculpteurs de Paris vers 1427, sous la protection de grands seigneurs et de peintres éclairés, il s'était formé en province de vraies écoles régionales : en Bourgogne, en Berry, sur la Loire, en Provence, dans le Lyonnais et le Bourbonnais.

Jamais on n'avait autant bâti, sculpté, peint en France depuis le traité d'Arras en 1482 et jusqu'à la défaite de Pavie en 1525.

En Berry, les artistes qui avaient travaillé aux nombreuses œuvres érigées par le duc Jean de Berry : André Beaunevcu, Jehan de Cambray, Pol de Limbourg, Drouet de Dammartin, avaient fait des élèves. A cette époque la sécurité publique commençait à être assurée; les châteaux n'avaient plus besoin de ces tours, de ces courtines de défense, qui en faisaient des forteresses. Cependant le vieux style gardait encore ses défenseurs, et cela malgré la Renaissance Française déjà en bonne voie, avant même que Charles VIII en 1493 n'entraînât l'élite de la nation dans cette première guerre d'Italie, née moins d'un caprice que d'un besoin de nouveau.

Dans la reconstruction de leur château de Bouesse, les Gaucourt n'avaient pas subi l'influence de cette Renaissance à son début, et l'architecture extérieure aussi bien que la décoration intérieure avait été traitées suivant les vieux principes des châteaux forts du moyen âge, avec tours à machicoulis, poivrières, murs et courtines de défense très épais, larges douves et fossés d'enceinte au dehors, cheminées en pierres monumentales et escaliers tournants à l'intérieur.

Mais si l'on peut constater que le château de Bouesse a été une des dernières demeures édifiées dans le style de l'architecture militaire de la fin du xve siècle, on peut aussi remarquer, en le comparant aux châteaux des grands seigneurs de cette époque, une recherche évidente de confort, se traduisant par l'amplitude des pièces et surtout spécialement par la largeur des fenêtres, même toujours divisées par des meneaux.

Dans aucune des constructions de riches particuliers de cette époque, on ne rencontre une pareille largeur des ouvertures extérieures. Il faut, pour en voir de semblables, se reporter aux demeures royales et spécialement au château de Chinon. Ce qui amènerait à penser que Charles de Gaucourt Ier retenu à Paris auprès du Roi par ses nombreuses charges, avait fait édifier son château en voulant affirmer par l'amplitude inusitée des proportions la fortune et la puissance de sa famille.

L'idée de cette construction, exécutée sur la ruine d'un château fort, au milieu d'un grand domaine et de nombreuses possessions régionales, seulement pour montrer la puissance du châtelain, paraît être confirmée par la constatation que le château n'a pas été habité à cette époque et qu'il faut remonter plus loin pour retrouver à Bouesse la présence vraiment effective des Gaucourt.

LE DAUPHIN ORLAND

L E fils de Charles VIII et d'Anne de Bretagne, dont l'écu orne la Tour, fut pendant trois ans avant la naissance de Charles-Quint le plus grand héritier de l'Europe. Né en 1492 le 10 Octobre au château de Plessis-lèz-Tours, il est mort à Amboise le 6 Décembre 1495 et son tombeau est dans la cathédrale de Tours. On lui avait donné le nom de Charles en l'honneur de Charlemagne, et d'Orland en l'honneur du preux Roland.

Un curieux portrait de ce jeune enfant, à l'âge de 26 mois, peint à l'huile sur bois, a été exposé à Paris et à Tours par un M^r. Ary de Londres, c'est certainement un objet capital de l'art français.

Il représente un enfant pâle, à l'apparence maladive, coiffé du chapeau tourangeau blanc à oreillettes, une de ces toques du prix de 50 sols tournois que la reine faisait confectionner par Jean Georget de Tours.

La reine l'avait voué au blanc; elle prenait en
1493 à Jean de Poncher, marchand du roy, « treize
aunes de drap d'argent pour l'habillement du jeune
Dauphin.

Charles Orland tenait de son père et de sa mère
une débilité congénitale que le portrait exprime dans
cette chute des joues et cet aspect boursouflé. L'enfant,
qui avait sa maison montée, ses écuyers d'honneur, ses
gouvernantes, mourut à 3 ans et 28 jours.

Le portrait, envoyé par la reine à son mari faisant
la campagne d'Italie, fut pris à Fornoue dans les
bagages royaux. Il est signalé en 1532 dans une collec-
tion de Venise; on en a induit que Perréal en était
l'auteur et qu'il l'avait porté au roi, en allant le rejoindre
cette année-là en Italie. Il est probable cependant que
le portrait fut exécuté par Bourdichon, qui travaillait
volontiers en grisaille. Du reste il était le peintre officiel
des portraits royaux; il fit le roi, la reine, Mlle de Ta-
rente en 1491. Le portrait d'Orland qui est un chef-
d'œuvre, ne se rapproche pas expressément des œuvres
aujourd'hui données au maître de Moulins, que certains
pensent être Jean Perréal. En 1492, l'année de la naissance du Dauphin, Bourdichon reçut un habillement
complet, au nom du roi. Quant à Perréal, il n'est pas
allé en Italie en 1494; il n'entre à la cour de France
qu'en 1497. Voilà beaucoup de présomption, en faveur
de Jean Bourdichon, peintre officiel de la reine et enlu-

mineur des heures d'Anne de Bretagne. Il doit avoir fait le portrait en 1494. La reproduction photographique faite d'après l'original existe aux archives de Bouesse.

✥

Charles de Gaucourt Ier meurt en 1482.

CHARLES DE GAUCOURT IIe DU NOM, son fils, seigneur de Gaucourt, Châteaubrun, Cluis-dessus, Bouesse, vicomte d'Acy, conseiller et chambellan du roi, lui succède. Il est nommé enfant d'honneur du roi le 4 Mars 1472, écuyer d'honneur en 1481, écuyer de l'écurie du roi en 1482.

Il vendit le fief de Gaucourt [1] en 1498 au mois de Février.

Il épousa en premières noces Anne de Bar de Bangy et rendit hommage à l'Abbé de Saint-Gildas de son châtel et seigneurie de Bouesse le 2 Novembre 1489.

Il se remaria le 20 Février 1493, avec Marguerite de Blanchefort, à laquelle il assigna en douaire 300 livres de rente et sa demeure au château de Bouesse.

Il était mort en 1519, ayant eu de son premier lit : CHARLES DE GAUCOURT IIIe DU NOM, chevalier, seigneur

1. *Assis au village de Nanteuil-sur-Nuret.*

de Cluis-dessus, Bouesse, Gournay; lequel, le 6 Mai 1537, fournit dénombrement à l'abbé de Saint-Gildas pour le chastel et place forte de Bouesse avec pont-levis, planches, fossés, garennes, colombiers, granges, vergers et courtillages, justice haute, moyenne et basse, droit d'y instituer baillis [1], juges, prévosts, sergents et autres ministres de justice, de bailler toutes mesures, de recevoir nouveaux aveux des hommes et femmes, vivant en la terre de Bouesse, droit de suite de ses hommes et femmes parmi toute la baronnie de Châteauroux et châtellenie d'Argenton, en deçà de la rivière de Creuse.

Item, le droit d'ériger et lever fourches et bois debout, et justice patibulaire à trois piliers [2], droit de four et de moulin à ban et garenne près la rivière de Creuzançais, droit de guet sur tous les manants et habitants de Bouesse qui y tiennent feu et lieu; huit étangs en la terre de Bouesse, 28 hommes serfs taillables et mortaillables; moulin bannier de Tallebot, moulin à vent près Millabœuf.

Il épouse le 19 Juin 1524 Catherine de Bigny à laquelle il assigna en douaire un logement au lieu

1. *Arch. Nat., P. 700 ; aveu de Bouesse — on trouve comme bailli de Bouesse Fr. de Brugerats, licencié en lois, en 1479.*

En 1570, Claude Godin, le plus ancien avocat au siège de Bouesse, expédiait les affaires en l'absence du bailli.

2. *Arch. de l'Indre. H. inventaire des titres du duché de Châteauroux.*

seigneurial de Ceris [1] et, jusqu'à sa construction, la jouissance de la maison de Cluis.

« Et ainsi accordé que s'il y avait enfant de ce
» mariage et que le futur, la future étant décédée, se
» remariât, il ne pourrait faire la condition des enfants
» du premier lit pire que de ceux du second et que
» l'aîné aurait 200 livres de rente de préciput et un
» arpent de terre de proche en proche, ensemble du
» château et vol de chappon et que, s'il n'y avait que
» filles, qu'elles seraient appanées. »

Charles de Gaucourt continua à orner le château de Bouesse, il fit faire, entre autres travaux intérieurs, une cheminée semblable aux grandes cheminées en pierre du donjon, sur la clef de laquelle il fit sculpter ses armes accolées à celles de sa femme Catherine de Bigny. Les armes de Bigny : « d'azur chargé d'un lion d'argent, armé et lampassé de gueules ».

La clef de ce manteau de cheminée existe au musée lapidaire de Bouesse, la cheminée ayant été détruite à la Révolution.

Dans un autre aveu et dénombrement en 1539, il est question de déclaration des fiefs, chevances et revenus que Charles de Gaucourt possédait à Bouesse et à Cluis : « en lesquelles châtellenies et au dedans des *fins et mettes* il y a plusieurs fiefs et arrière-fiefs ».

1. *Fief et seigneurie de Ceris à 2 kil. du sud de la ville de Cluis-dessus.*

« Les lieux nobles, manoirs et justices de Repaire, le Fraigne, Gournay, le Chastelier, Courtaillet, Laige et Villemarin; les chevances, manoirs et seigneuries de Charon, Villedoyn, Puydoson, Loubatière, Boys-Blondet, Montchevrier, etc. »

« Item le bois de Loubatière, l'étang Geoffroy, l'étang du Semetière, de la Taubardère, de Boiche, du Perroquet, de la Paupilière, de Fontpars, le bois de Puyferré. »

« Item le droit de boutage, levé en l'assemblée tenue près la chapelle du Magnolet, qui consiste à prendre, sur chaque marchand vendant marchandises, 4 deniers. »

Charles de Gaucourt meurt le 5 Juillet 1555.

Son fils aîné : LOUIS DE GAUCOURT, seigneur de Cluis-dessus, Bouesse, Gournay, chevalier de l'ordre du roi, gentilhomme ordinaire de sa chambre, son écuyer d'écurie, lieutenant de 50 hommes d'armes de son ordonnance, chambellan du duc d'Alençon, rendit hommage à l'abbé de Saint-Gildas, le 9 Mars 1575, pour son chastel et place forte de Bouesse.

Charles IX lui écrit le 9 Août 1561 pour lui donner avis que pour ses vertus, vaillances et mérites, il avait été élu par l'Assemblée des Chevaliers de Saint-Michel.

En 1554 il est nommé grand pannetier de la reine Catherine de Médicis.

Par contrat du 22 Février 1564, il épouse Françoise d'Escoubleau, fille du seigneur de Sourdis, grand-maître de la garde-robe du roi François Ier. Il fut député aux états de Blois, pour le Berry.

Il est blessé à mort en un combat qu'il donna avec le seigneur de Gamaches, devant l'abbaye de la Prée, au sieur de Neuvy-le-Barrois, commandant pour la ligue, le 3 Août 1589.

C'est lui qui modifia la disposition des cours intérieures du château et qui dut séparer la cour d'honneur de celle des gens d'armes par une galerie ouverte couvrant le puits et servant de départ à un grand escalier à balustres carrés, du style de la Renaissance, escalier assez doux pour qu'on puisse le monter à cheval *(tradition orale racontée encore en 1855 par les gens du pays)*. Ces balustres se rencontrent partout : au château, à l'église, dans le pays *(l'escalier n'existe plus)*.

Sa veuve demeurait encore à Bouesse en 1617.

Il eut pour enfants : Emée de Gaucourt, mariée à Gabriel de Méhaut, seigneur de Chastelux, puis abbesse de Rougemont; Charles de Gaucourt qui suit, et Jacques qui continua la postérité.

CHARLES DE GAUCOURT IVe du nom, seigneur de Bouesse, Gournay, Villedieu, gentilhomme ordinaire de la chambre du roi, lieutenant de 5o hommes d'armes de son ordonnance, épouse le 29 Septembre 1604 Charlotte de Rochefort.

Il vivait encore en 1613.

Sa fille Madeleine de Gaucourt surnommée LA BELLE COMTESSE, née en 1610, épouse en 1632 Louis Gouffier, comte de Caravas. Elle passait pour être une des plus belles femmes de son siècle.

La muse historique, recueil fait par Loret, raconte ce qui suit dans sa vingt-quatrième lettre du 29 Octobre 1650 :

> Mais, entendez un piteux cas,
> Lundy, Monsieur de Caravas
> Qui joua jusqu'au soir aux cartes
> Sans altération, ni longueur
> Mal de teste, ni mal de cœur,
> Soupa d'une perdrix rôtie,
> Sans laisser nulle partie
> Et d'un fort bon potage aussi
> Dont il s'étoit deja farcy,
> Puis il se mit entre onze et douze
> Dans son lit avec son épouse,
> Étant aussi plein de santé
> Que de sa vie il n'eût été.
> Toutefois, au point que l'aurore
> Voit parmi nous le jour s'éclore,
> Sa femme en déplorant son sort
> Vit qu'il était tout roide mort.
> Au lieu d'un mari dans sa couche
> Ce n'étoit qu'une froide souche
> Et le tâtant de bout en bout
> Trouva qu'il étoit mort partout!

Jacques de Gaucourt, seigneur de Cluis, Bouesse, Gournay, capitaine de chevau-légers et sénéchal de la Marche, succède à son frère; il épouse en 1613 le 6 Mars, à Poitiers, Jeanne d'Elbène.

Par brevet du 20 Août 1611, le roy Louis XIII lui accorde 2000 livres de pension, en considération des services rendus à son père.

Il n'existait plus en 1644.
Sa veuve habitait le château de Cluis en 1656.

Son frère, le comte Joseph-Charles de Gaucourt, seigneur de Villedieu, était un grand érudit ; la chronique scandaleuse signale sa mort en 1684 : « Gentil-« homme autant scavant en la connaissance de l'histoire « qu'il y en ait dans le royaume « *Vixit sine impe-*« *dimento* ».

Son fils, Charles de Gaucourt V° du nom, seigneur de Cluis-dessus, Bouesse, Gournay, capitaine de 100 chevau-légers, épouse le 26 Février 1656 Gilberte d'Assy, fille de Hugues d'Assy, seigneur de Rocherolle, veuve de Claude de Tournebus. Son portrait et celui de sa femme existent au château de Paumulle, après avoir orné le salon de Bouesse jusqu'à 1855.

A l'occasion de ce mariage, passé au lieu de la Rocherolle, ressort d'Issoudun, Charles V de Gaucourt donne à sa femme 30.000 livres de rente en fonds de

terre et une maison convenable à sa qualité. Il a dû
résider au château de Bouesse et à celui de Cluis,
puisqu'il fit exécuter par les forges du pays deux
plaques de foyer à ses armes : « *D'hermine aux bars
adossés de gueules* », et à celles des d'Assy : « *D'argent
au lion de sable, armé et lampassé de gueules, chargés de
croissants adossés d'argent* ».

Ces deux plaques de fonte, de mêmes dimensions
et armoiries existent encore l'une dans le salon de
Bouesse, l'autre dans le salon de Cluis.

LES FORGES DU BERRY

A propos de ces plaques de foyer, il est bon de rappeler que l'ancienne industrie minière était en grande prospérité dans la région de Bouesse. L'abondance des minerais, la qualité supérieure des produits soit en fer, soit en fonte, des forges de Mézières-en-Brenne, Crozon, Clavières, Cluis-dessous en étaient la cause.

Du xive au xviiie siècle ces forges portaient le nom de forges à bras; on en voit encore des vestiges : dépôts de laitiers fort anciens, prouvant l'existence de ces forges qui n'avaient pu fonctionner qu'à mains d'hommes, aucun cours d'eau ne se trouvant aux alentours.

La forge de Cluis-dessous, d'où sortaient probablement nos plaques de foyer, était fixe. Installée sur la rivière de Bouzanne, elle ne datait que du xviie siècle, ne faisait usage que de charbon de bois et n'employait que les meilleurs minerais, d'où production de fers supérieurs à ceux que l'on fabrique de nos jours. Les fers du Berry étaient réputés, spécialement les fameux 4 pouces, bandes de fer de roues pour les grosses voitures.

Les gisements miniers étaient à Bois-Gros, commune de Neuvy; les charbons venaient des grands bois dont les environs étaient alors couverts. Ils étaient l'un et l'autre transportés par sacs, à dos de mulets, appelés chevaux de bât, par troupe de vingt à vingt-cinq, en file indienne sous la conduite d'un muletier, ce qui donnait un développement de plus de 100 mètres de long.

En 1860, le libre échange intervenant fit baisser le prix des fers; l'introduction des minerais extérieurs, le progrès de la fabrication s'y ajoutant, les foyers du Berry durent éteindre leurs feux.

On trouve encore dans le pays de rares spécimens de ces produits, une plaque de foyer à La Châtre portant l'inscription 1512, celles de Bouesse et de Cluis, des landiers qui existaient au Lys-Saint-Georges, d'autres à Limanges, etc.

LA SEIGNEURIE DE CLUIS-DESSUS

DÉTACHÉE DE CELLE DE BOUESSE

CHARLES V eut comme postérité : 1° Charles VIe du nom, qui lui succéda à Bouesse;

2° Guillaume de Gaucourt, porté sur les registres de Saint-Paxant de Cluis-dessus, comme fils de haut et puissant seigneur Charles de Gaucourt, chevalier, seigneur de Cluis, Bouesse, Gournay, le Breuillat, et de dame Gilberte d'Assy, baptisé le 5 juin 1668.

Guillaume de Gaucourt a fait branche; le 13 janvier 1693, il se marie avec demoiselle Catherine-Françoise Turpin-Crissé; il est qualifié dans ce contrat conservé à la Bibliothèque Nationale « Guillaume de Gaucourt, chevalier, seigneur et marquis de Cluis ».

Assistait à ce mariage, dont le contrat est passé au dit lieu de la Font, haut et puissant seigneur Charles de Gaucourt, chevalier, seigneur de Bouesse, son frère aîné.

Dans l'ancien salon du château de Cluis, aujour-d'hui salle du Conseil de la mairie, on trouve peintes les armoiries de Guillaume de Gaucourt, marquis de Cluis, « *d'hermine aux bars adossés de gueules* », et celles de Turpin-Crissé, « *loʒangées d'argent et de gueules* »; devise : « *vivi victurus vivo* ».

Le salon a conservé toute sa décoration de l'époque avec ses tapisseries, verdures de Felletin, ses vieilles ferrures aux portes et aux fenêtres.

A l'extérieur de la mairie de Cluis sont sculptées les armes des Gaucourt et à l'intérieur on voit encore beaucoup de souvenirs de leur résidence au château de Cluis.

A partir de cette époque les seigneurs de Bouesse ne possèdent plus la seigneurie de Cluis.

Il y avait à Cluis deux châteaux :

Cluis-dessus, possession des Gaucourt depuis le xiv⁰ siècle, échu au xvii⁰ aux descendants de Guillaume de Gaucourt qui a fait branche et, au xviii⁰ siècle, aux Montaignac.

Cluis-dessous, indiqué au xi⁰ siècle sous le nom de « *Clogilum Castrum* » avec fabrique de monnaie, cité en 1509 comme siège d'une prévôté, forteresse dont il n'existe plus que de belles ruines, magnifique-ment situées, dominant le cours de la Bouzanne. Cette place forte, après avoir appartenu à la maison de Déols, puis aux Chauvigny, passe à Mlle de Montpensier, puis à Louis de Bourbon qui la vend. On la retrouve, au xviiie siècle, appartenant à la famille de Montaignac qui devient alors possesseur des deux Cluis.

Sur les registres de la paroisse de Cluis-dessus on relève plusieurs actes intéressant les Gaucourt et leurs descendants :

4 Octobre 1748, naissance au château de Cluis-dessus de Alberte-Gabrielle de Montaignac [1], laquelle a épousé à Cluis-dessus, le 29 Janvier 1770, Charles-Alexandre, comte, puis marquis de Lestrange; de cette union une fille, Gabrielle-Anne de Lestrange, née à Magnat, aujourd'hui Magnat-l'Etrange, Creuse; reçue dans le chapitre noble de Laveine *(commune de Crevant, arrondissement de Thiers, Puy-de-Dôme)*, elle épouse le 13 Février 1795, à Châteauroux, Léonard-Alexis Poisle-Desgranges. Elle mourut au château de Bouesse le 30 Octobre 1846 [2].

On trouve encore Edme-Henri, comte de Montaignac, mort à Cluis le 2 Mai 1817, ayant eu comme enfants Alphonsine de Montaignac, née le 24 Septembre 1801; Augustin-François, né le 1er Fructidor, an XII;

1. *Fille de Nicolas-Gabriel-Sylvain de Montaignac, de la branche des Montaignac d'Estansannes, qui avait épousé le 27 septembre 1718 Marie-Alberte-Charlotte de Gaucourt.*

2. *Comte Henry de Lestrange (la maison de Lestrange; Paris, A. Lemerre, 1912, in-4°).*

Charles, né le 16 Juillet 1808. Cette famille a reçu 92.112 francs d'indemnité pour différents biens vendus nationalement, entre autres : le domaine de la Charinière et locature des Portes (Arthon), forges de Crozon et le pré Thomas (Mouhers).

❧

Le fils aîné de Charles V de Gaucourt, lui succède à Bouesse :

CHARLES VIe DU NOM, comte de Gaucourt seigneur de Bouesse, Gournay, lieutenant général pour le roi en Berry, conseiller en ses conseils d'État et privés, résida très régulièrement au château de Bouesse.

En 1681, il épouse Marguerite Tiercelin de Rance, décédée en 1686 sans enfants.

Le 22 Août 1686, il prête serment de sa charge de lieutenant général pour le roi en Berry.

En 1687, il se remaria à Brigitte de la Baume Montravel, fille de Charles de la Baume Montravel, marquis de Saint-Martin et de dame Thérèse de Transignies.

Dans les registres de la paroisse de Bouesse, on trouve de 1492 à 1740 de nombreux actes de famille des Gaucourt. Ainsi, 20 Mars 1692, baptême de Louise-

Hiacinthe de Gaucourt, fille de Charles VI et de dame de la Baume Montravel; 9 Septembre 1710, fiançailles et publications à Bouesse de demoiselle Gilberte-Alberte-Rosalie de Gaucourt, fille de Charles VI, et de dame de la Baume Montravel avec le marquis de Salverte;

15 Septembre 1721, a été apportée dans l'église de Bouesse demoiselle de Gaucourt, fille de Sylvain-Charles de Gaucourt et de dame de Mursay, baptisée par nécessité au château de Bouesse;

20 Décembre 1736, baptême de Gabriel-Nicolas-Sylvain, fils des mêmes.

Il existe aux archives de Bourges une lettre de Louis XIV [1] du 14 Septembre 1696, au lieutenant général du royaume de Gaucourt, au sujet de la paix entre la France et la Savoie.

1. *Liasse A. A. 34.*

CONSTRUCTION DE L'ÉGLISE

DÉCORATION DU SALON

CHARLES de Gaucourt résida presque continuelle-
ment au château de Bouesse, il contribua à sa
décoration en dotant le salon de la grande cheminée
en marbre des Flandres et des tapisseries de Felletin,
indiquées dans les inventaires postérieurs et enlevées
en 1855.

Les dessus de portes et les ferrures du salon datent
de cette époque. C'est lui qui fit peindre au plafond de
cette pièce la figure, grandeur nature, d'une renommée
« soufflant à joue enflée au creux de sa trompette »
avec un étendard aux armes des Gaucourt accolées à
celles de la Baume Montravel, surmontées d'une couronne de comte; les armes de la Baume Montravel :
« *d'or à la bande vivrée d'azur* ».

Les mêmes armes sont sculptées au portail de

l'église de Bouesse qu'il avait fait rebâtir vers 1710 [1]. La cloche de cette église, refondue l'année même de la mort de Charles VI, porte l'inscription suivante : « Haut » et puissant seigneur, messire Guillaume, marquis de » Salvert, Parrin ».

« Haute et puissante dame, Alberte-Brigide- » Elizabeth de la Baume de Montravel, dame de cette » paroisse, veuve de haut et puissant seigneur messire » Charles, comte de Gauggourt, lieutenant général pour » le roi au gouvernement du Berry, marraine ». 1-7-13.

Aux archives du Ministère de la Guerre se trouvent plusieurs lettres de Gaucourt à Louvois : 5 Avril 1689, à propos de l'envoi aux armées en campagne de jeunes gens, légistes en la ville de Bourges; 7 Juin 1689, autre lettre à Louvois motivée par les plaintes que l'on avait faites des exemptions que le lieutenant général du roy en Berry aurait données à des gentilshommes pour ne pas marcher à l'arrière-ban..., il termine cette lettre, copiée pour les archives de Bouesse, en disant : « Je vous supplie, Monseigneur, de trouver bon que je me rende auprès de vous, afin de justifier ma conduite et vous faire voir mon exactitude pour le service du roy ».

Deux curieuses lettres *(13 Décembre 1708 et*

---

1. *Il y avait déjà au XVI* siècle une communauté de « Chappelains de l'église parrochialle de Bouesses », composée de sept prêtres, natifs de la paroisse et résidant presque tous à Bouesse.*

Le « petit cimetière » est mentionné en 1533 (Arch. de l'Indre, G., titre concernant les biens des chapelains).

17 Février 1709) existent au Ministère des Affaires étrangères [1], au sujet d'un procès-verbal fait au bourg de Bouesse par la brigade de Gargilesse, pour deux faux sauniers et du sel capturé sur eux, affaire qui avait fait grand bruit dans la province. La gabelle était un impôt odieux qui réservait exclusivement au profit de l'État la vente du sel.

Le lieutenant général avait été accusé à tort auprès des fermiers généraux de faire publiquement le faux saunage chez lui.

Dans sa lettre du 17 Février 1709 au ministre Chamillart il s'exprime ainsi : « Je vous supplie de trouver bon que je poursuive la fausseté, pour avoir la justice qui m'est due de l'insulte qui m'a été faite par les employés; puisque je suis très innocent aussi bien que mon fils et mes domestiques et ayant toutes les preuves en mains, il est de mon intérêt et de mon honneur de justifier ma conduite à toute une province où j'ai l'honneur de commander depuis trente ans sans aucun reproche... »

Toutes ces lettres, datées *du château de Bouesse* et surtout *une curieuse proclamation du lieutenant général pour le roi en Berry, imprimée sur grand format, datée du château de Bouesse, en l'année 1697, et contresignée Colbert* existent aux archives de Bouesse et prouvent la résidence continuelle de notre Gaucourt au château.

1. *Aff. étrang., vol. 2131, p. 195, et 2134, p. 194.*

Aux archives du département de l'Indre sont conservés des mémoires de fournisseurs pour le compte de
« M. le comte et Mme la comtesse de Gaucourt :

11 Janvier 1702 : Fourny par Blanchard marchand
à Châteauroux :

	Liv.	Sols	Den.
Payé au messager de Bourges pour la voiture de soixante et onze livres pesant de châtaignes envoyées par Mme de Gaucourt.	1	15	6
Pour reste de toile de Hollande et cady vert	0	18	0
Une aune et demy de taffetas ruby à 3.175	5	15	6
Pour laine d'Angleterre verte	1	4	0

28 Août 1706,

	Liv.	Sols	Den.
Payé au messager de Paris pour une voiture et transport d'une malle de chambre	0	7	6
Six aunes et un quart et demy pinchina d'Amboise fin meslé à 3, cy	19	2	6
Quatre aunes rattines d'Alby feu, cy.	14	0	0
Un caudebec sans apprest.	4	0	0

12 Octobre 1707, livré pour habiller
M. l'abbé et le chevalier huit aunes de
drap du sceau musc 44 0 0

BOUESSE EN BERRY

	Liv.	Sols	Den.
Payé pour le port d'une lettre. . . .	0	3	0
Une paire de bas fil d'Angleterre écarlate très fin, cy.	11	0	0
Quatre aunes barraquan de Flandres	18	0	0
1707. Pour deux nuittées et chevaux.	0	40	0
Pour la dépense d'un homme qui a conduit le cuisinier.	0	0	15
Pour le dîner du laquais et de l'homme qui conduisait les mulets	0	0	20
Pour le souper de deux dragons et de brigadiers	0	0	30
Pour la nuittée de 15 chevaux . . .	11	0	0
Pour le souppé d'un marmiton qui allait à Bouesse et son déjeuner	0	0	15
Pour le dîner des six chevaux de M. l'intendant	3	0	0
A l'arrivée de M. de Gaucourt et le précepteur pour leur souppé	3	0	0
1er Février 1713 : pour trois painte de vin	1	10	0
Pour un plat de lardoux au jus . . .	1	0	0
Pour une pluviée	1	0	0
Pour un perdreaux.	2	0	0
Pour sept pigeons	1	15	0

Le sieur Chacipal maître imprimeur
a fourny pour l'enterrement de madame
la comtesse de Gaucourt la quantité de
quatre cens billets de convocation en très
grand papier. 20   o   o

✠

Charles VI de Gaucourt testa en 1713 et voulut
être inhumé dans le chœur de l'église de Bouesse.
Aucune sépulture n'a été trouvée dans l'église; les
tombes ont dû être profanées à la Révolution. Il mourut en cette même année 1713. Son portrait et celui de
sa femme, venant de Bouesse, sont à Paumulle. Son
fils lui succéda à Bouesse.

Silvain Charles, comte puis marquis de Gaucourt, seigneur de Bouesse, Gournay, lieutenant général pour le roi en Berry : il épouse en 1720 Hippolyte
de Valois de Mursay, proche parente de Mme de Maintenon, c'est ainsi que le portrait de cette dernière est
passé de Bouesse à Paumulle où il est encore conservé
avec les portraits du marquis et de la marquise de
Gaucourt. Il vend en 1732 sa charge de lieutenant pour
le roi en Berry au marquis de Seignelay, petit-fils de
Colbert.

Aux archives de l'Indre, nombreux mémoires de

provisions pour le château de Bouesse, entre autres le
« mémoire pour le compte au coché ». « Comme
Madame m'a dit que le coché ne gagne que 54 livres
par an et que j'avais fait son compte à 57 livres..., etc.

Madame la comtesse de Gaucourt doit
à Lorseau, marchand pelletier à Bourges,
deux manchons de chacun 12 livres, l'un
pour madame la comtesse, l'autre pour
mademoiselle de Gaucourt . . . .

	Liv.	Sols	Den.
deux manchons de Gaucourt	24	00	00
Plus un manchon d'un petit Moscovice	4	00	00
Plus une petite martre en toc, prix fait.	3	00	00
Plus la fasson d'un manchon pour Mr. le comte, avoir habillé la peau de loup et fait le manchon.	3	10	00
26 Janvier 1783. Mémoire de l'ouvrage que j'ai fait et fourni à la chaise de poste de Monsieur le marquis par Petitbled, menuisier . .	21	00	00

Plus un manchon d'un petit Moscovice . . . .

Plus une petite martre en toc, prix
fait. . . . .

Plus la fasson d'un manchon pour
Mr. le comte, avoir habillé la peau de
loup et fait le manchon. . . . .

26 Janvier 1783. Mémoire de l'ouvrage que j'ai fait et fourni à la chaise de
poste de Monsieur le marquis par Petit-
bled, menuisier . . . .

Le marquis Sylvain de Gaucourt mourut le 23 Janvier 1740 âgé de 45 ans et fut inhumé dans l'église de
Bouesse à côté de son père. Son acte de décès existe à
la cure de Bouesse : « Le vingt-troisième jour du mois
» de Janvier a été inhumé dans cette église, par moy,
» messire Pierre Monier, curé de Mosnay, haut et puis-

» sant seigneur, messire Charles Sylvain, marquis de
» Gaucourt, écuyer, seigneur de Bouesse, Gournay, le
» Breuillat, la Foipièvre et autres lieux, âgé de 45 ans,
» époux de son vivant de dame Françoise Hippolyte
» de Valois, marquise de Mursay, avec les cérémonies
» ordinaires; en présence de messire René Sylvain
» Plassat, curé de Bouesse, de MM. Vollinat, curé de
» Malicornay, Piqué, curé de Crozon, Heuf, curé de
» Buxière d'Aillac, Noux, curé de Gournay, Pineau,
» vicaire d'Argenton. Tous les curés ont signé l'acte de
décès. »

Le fils de Silvain Charles de Gaucourt s'intitule
Mathias-Raoul comte de Gaucourt-Clermont, seigneur
de Bouesse, Gournay, Mursay et autres lieux, maréchal
des camps et armées du roi; capitaine de dragons au
régiment d'Aubigné, chevalier de l'ordre royal militaire
de Saint-Louis.

Il épouse, le 2 Mai 1732, Catherine-Henriette de
Fieubet, morte à Paris en 1756, à 41 ans.

Il existe à la Bibliothèque Nationale une lettre de
lui à M. de Beaujon, généalogiste de la cour [1].

Dans les registres de l'état civil de la paroisse de
Bouesse on trouve :

1751. Inhumation à Bouesse de Marie... épouse

---

1. *Bib. Nat. Chérin.*

de Claude Thomas, dragon dans la compagnie de Mr. le Comte Mathias de Gaucourt.

8 Novembre 1754. Baptême de Alberte-Charlotte, fille de Mathias Raoul de Gaucourt et de Henriette de Fieubet.

1755. Baptême de Sylvain-Nicolas-Henri-Raoul, fils des mêmes, leur successeur à Bouesse.

Entre 1740 et 1785, les curés de Bouesse relataient annuellement, à la fin du registre de l'État Civil de la paroisse, les particularités de l'année : prix des animaux et des denrées, température..., etc. *(Ces feuillets sont malheureusement incomplets.)*

LES DROITS SEIGNEURIAUX EN 1767

Il est curieux de rappeler ce qu'étaient encore en 1767 les droits seigneuriaux en Berry.

La richesse des terres venait surtout des droits féodaux prélevés sur tous les fiefs des alentours.

Le seigneur avait droit de haute, moyenne et basse justice, avec pouvoir de nommer à cet effet un bailli, lieutenant, procureur, prévôt, notaire, huissier, sergent et de faire tenir les audiences le lundi;

De donner poids et mesures; de faire tenir les assises une fois l'an et de faire lever en ladite justice fourches patibulaires à quatre piliers, pilory et carreaux pour y mettre carcan.

Il avait en outre les droits d'épaves, choses perdues, amendes, droits de déshérence et bâtardise, c'est-à-dire le droit de recueillir la succession de ceux qui mouraient sans héritiers, et celle des bâtards;

Les droits de pêche et de chasse, de colombier et de garenne, les droits de ventes sur foires qui se tenaient au pied du château, ainsi qu'aux assemblées qui se tenaient le jour de la Saint-Jean à Bouesse, à

Cluis le jour de la Trinité et de Saint-Christofle, à Mouhers le jour de Notre-Dame de Pitié, à Crozon le jour de Saint-Roch, à la Buxerette le jour de Saint-Mandé.

Outre cela, dans plus de cent villages ou métairies, les habitants, autrefois mis en liberté par les seigneurs de Cluis, devaient comme droits de franchise, par chacun an, à la fête de Noël, ceux qui tenaient deux ou quatre bœufs, 20 boisseaux de blé ou d'avoine, une poule et 4 deniers de commande; de plus, les habitants étaient tenus au guet et à l'arrière-guet.

Il n'était pas jusqu'à l'église où les seigneurs n'eussent des privilèges honorifiques. Ils avaient le droit de sépulture et le droit de litre ou ceinture.

Ce dernier permettait au seigneur de faire peindre ou graver ses armoiries dans les chapelles ou églises et d'entourer les murs d'une bande noire lorsqu'on célébrait les obsèques ou le service funèbre de quelques membres de sa famille.

En 1890, l'église de Bouesse était encore barrée à l'extérieur de cette ceinture, bande de peinture noire de 35 centimètres de large, qui coupait horizontalement la hauteur des murs; cette disposition a disparu au moment de la réparation et augmentation de l'église en 1900.

Les armoiries placées au moment de la reconstruction en 1710, au-dessus de la porte d'entrée, sont toujours intactes.

INVENTAIRE DE 1783 [1]

A la mort du comte Mathias-Raoul de Gaucourt,
1783, on fit un inventaire du château de Bouesse et
des terres; cet inventaire, conservé aux archives de
l'Indre, a été copié pour les archives de Bouesse. En
voici les parties les plus curieuses.

« Aujourd'hui Vendredi 13 Juin 1783, heure de
8 heures du matin, nous, notaires royaux héréditaires
en Berry, aux baillages d'Issoldun et de Châteauroux,
résidants et demeurants en la ville de Cluis-dessus,
paroisse de Saint-Paxant, soussignés au réquisitoire de
haute et puissante dame Catherine-Henriette de Fieubet, comtesse de Gaucourt, veuve de haut et puissant
seigneur Messire Mathias-Raoul, comte de Gaucourt,
maréchal des camps et armées du roi, seigneur de
Bouesse, Gournai et autres lieux; chevalier de l'ordre
royal militaire de Saint-Louis, demeurant en son

1. *Arch. de l'Indre, série A. Émigré Gaucourt, deux inventaires.*

hôtel rue de Grenelle à cause de la communauté de biens qui a été entre elle et le dit feu seigneur.

Au nom et comme tutrice de Flore-Agloé-Caliste-Henriette de Gaucourt, sa fille mineure;

Aussi au réquisitoire de messire Nicolas-Henri-Raoul de Gaucourt, guidon des gens d'armes de la garde ordinaire du roi, demeurant en son hôtel, à Paris, place Vendôme;

Au réquisitoire du haut et puissant seigneur d'Espinchal, seigneur de Massiac, Saint-Marcelin et autres lieux, mestre de camps de dragons, en son nom et comme maître des droits et actions de haute et puissante dame Louise-Gabrielle de Gaucourt demeurant en son hôtel, rue des Petites-Écuries-du-Roi, paroisse de Saint-Laurent.

. . . .

Nous, dits notaires, nous nous sommes transportés au bourg et paroisse de Bouesse, au château du dit lieu dont le dit feu comte de Gaucourt est décédé seigneur propriétaire où...

Suit l'inventaire du mobilier du château : « cuisine, garde-manger, office, grande office, passage qui conduit à la grande salle, dans lequel onze « vidrecomes de verre à servir la limonade; quatre petites fioles de ratafiat », dans la chambre de la tour *(actuellement salle de vénerie)* à côté de la grande salle; dans la grande salle *(salle à manger réduite depuis)*, dans laquelle s'est trouvé quatorze chaises tapissées; une vieille fontaine de cuivre rouge, avec la cuvette dessous *(cette fontaine aux armes des Gaucourt existe chez M. Raveau, maire de Bouesse, au lieu dit de l'Aage);* cinq pièces de tapisseries anciennes sur lesquelles il y a des figures représentant la bataille de Troyes. »

« Sauf et excepté six tableaux de la famille avec leurs cadres en bois doré qui n'ont pas été estimés comme réprésentant les anciens auteurs de la famille et leurs portraits. » *(Ces tapisseries et portraits de famille sont aujourd'hui au château de Paumulle près d'Argenton.)*

« Ensuite dans le sallon de compagnie qui est au bout de la dite salle du midi : plus une petite table à pied de biche pour écrire devant le feu, trois guignolets garnis avec quatre petits tiroirs. »

Quatre fauteuils à cabriolets et cinq à bras garnis en velours d'Utrecht rouge. « Plus quatre pièces de tapisseries composant dix-huit aunes quarrées. »

« Plus trois petits tableaux anciens avec leurs cadres dorés, l'un représentant le couronnement d'une reine, l'autre une chasse au sanglier et l'autre un cuisinier. »

Excepté treize tableaux encadrés, dorés, représentant les portraits de la famille... non estimés.

Dans une chambre à côté du dit sallon *(la biblio-thèque)* en entrant sur la droite et laquelle était autre-fois occupée par feu madame la marquise de Gaucourt, douairière :

« Quatre fauteuils en tapisserrie...

» Un lit à la duchesse : avec catalogne de laine blanche, sa courte pointe, dossier et fond de satin vert piqué; les deux contenances et le grand tour de damas broché, doublé de même satin que celui du fond et ses rideaux de cadis vert.

» Plus quatre pièces de tapisseries. »

Dans un petit cabinet qui est à côté des fossés *(cabinet de toilette de la chambre précédente aujour-d'hui réuni à la bibliothèque)* :

« Quatre raquettes et trois cornets remplis de volants. »

Autre petit cabinet, à côté de la dite chambre, mais du côté de la cour du château *(ce cabinet a été aussi réuni à la bibliothèque en 1889).*

Chambre de la petite tour du bas *(cabinet de tra-vail)* qui est au bout du sallon sur la droite :

« Un lit à l'ange, le dossier, de fond de satin blanc piqué, rideaux et tour de lit de drap vert bordé de galon blanc.

» Plus trois pièces de vieilles et anciennes tapisseries. »

« Chambre haute de monsieur le marquis « étant au bout du colidor sur la droite du côté du jardin *(aujourd'hui chambre des enfants)* :

« Un lit composé de son chalit à quatre quenouilles, son dossier et fond de taffetas à flamme brodé en soye, ses rideaux et tour de lit de tapisserie et de durance en soye.

» Un petit trumeau placé à la cheminée. »

Excepté trois portraits de famille.

Petit cabinet à gauche du côté des fossés du château, *(actuellement chambre de la nourrice)...*

Autre petit cabinet regardant la cour du château;... *(aujourd'hui salle de bains).*

Chambre au lit d'argent : chambre haute, « plus un lit à l'ange... une courte pointe à fleurs rayée doublée de toile, fond et petit tour de taffetas piqué, couleur feuilles mortes, les rideaux à tour de satin de différentes couleurs, brochés en or et en argent et doublés de taffetas de même couleur.

Estimés... 240¹ ». Petit cabinet à côté;... Chambre à deux lits;...

« Plus un lit à l'impériale avec ses rideaux et grands

tours avec le soubastement de drap vert bordé de ruban blanc...

» Plus un autre lit semblable »;

Un petit cabinet à côté;

Chambre haute de la grosse tour *(1ᵉʳ étage grande tour);*

« Plus un lit à quatre quenouilles... courte pointe de popeline, et soubastements de tapisserie à fleurs, bordés de franges de soye, le dossier, fond et petit tour d'une étoffe à fleurs vertes et fond blanc, les rideaux et tour de lit parti en tapisserie et durance brune doublés de popeline couleur vert pâle, garnis de franges et bouquets de soye. »

« Chambre située vers le galetas de la grosse tour, *(2ᵉ étage grande tour);* « Qui est au dessus de celle cy, dessus en montant dans le galetas de la grosse tour. »

« Chambre de Monsieur le comte de Gaucourt *(chambre du 1ᵉʳ étage de la petite tour);* « plus une commode à quatre tiroirs... Dans l'un d'iceux un habit de drap fin couleur bleu de roi, galonné en or et boutons d'or, doublé d'étoffe de soie même couleur, et les reins de toile de coton blanc, plus une veste de satin vert à grains d'orge, une paire de guêtres de peau avec les jartières, boucles et tirans, un bonnet de chasse de marroquin noir bordé d'un petit galon d'or. »

» Plus un lit à l'impériale ;

» Plus deux pièces de tapisseries très anciennes et représentant les guerres d'Annibal ;

» Plus un coffre... d'anciennes nottes qui ont été laissées par un notaire nommé Beaujant qui anciennement demeurait au bourg de Bouesse où il travaillait en qualité de notaire ;

» Plus une biblothèque :

» Au quatrième raïon... l'histoire de Charles VII ;

» Les mémoires de Monsieur Martin du Bellay ;

» L'histoire de Charles VI ;

» L'histoire du Berri de la Thaumassière ;

» L'histoire d'Henri le Juste ;

» L'Immortalité de l'Ame, etc.

» Nous sommes descendus dans la cour du dit château et sommes entrés dans la boulangerie :

» Plus deux arches à pétrir, un moulin à passer la farine ».

» Puis nous nous sommes transportés :

» Dans la chambre des figuiers ;

» Dans la chambre au-dessus de la serre ;

» Dans la chambre du garde;

» Dans les caves, la menuiserie, l'orangerie, remises, chenil;

» Dans la chambre au-dessus de la PRISON;

» Dans la grande écurie;

» Dans le cuvage dépendant dudit château; plus deux pressoirs;

» Il nous est ensuite rapporté par le dit Ballereau, concierge, que le Sieur Terrasson, fermier de la terre de Bouesse, est chargé par son bail de la grande cave, de trois petites, de 34 poinçons et pipes, de 22 autres, deux tonnes à poissons, et dont il a la jouissance. »

Continuation est faite de l'inventaire.

Nous nous sommes transportés dans la bibliothèque, *sans désignation de sa place*, où on trouve environ 250 volumes dont :

» Histoire des Croisades;

» Les œuvres de Saint Evremont,

» Les œuvres de Tacite;

» Le trésor des chronologies du père Monval;

» Sainte Bible;

» Aventures de Thélémaque;

» Principes de philosophie de René Descartes;

» Mémoires de Monsieur Brantôme;

» La princesse de Clèves;

» Les caractères de Théophraste;

» Les mémoires de Monsieur d'Artagnan;

» L'histoire de Soliman III;

» Le Fort de l'honnête homme et du scélérat;

» Histoires galantes de la France;

» Les anecdotes de la cour;

» L'illustre Parisienne;

» Le nouveau Mercure Galant;

» Les batailles mémorables des Français depuis la monarchie ».

» Qui sont tous ces volumes qui se sont trouvés dans la ditte bibliothèque, avec un mémoire de tous ceux qui ont été prêtés par le dit feu seigneur de Gaucourt, à différentes personnes y dénommées. »

Suite de l'inventaire de la « Maison du piqueux », petite maison située au dit bourg de Bouesse.

L'inventaire se poursuit à la maison du fermier de

la terre de Bouesse, demeurant au dit bourg et paroisse
de Bouesse.

» Nous avons trouvé icelui, Pierre Terrasson, qui
nous a dit et déclaré qu'il est fermier de la ditte terre
de Bouesse et ses dépendances, toute meublée de bestiaux compris et énoncés dans le bail qui lui en a été
fait, et à feu Delafont, son beau-père, le 6 Nov. 1770...
Que par le bail tous les bestiaux de la ditte terre de
Bouesse montent au total à la somme de dix-sept mille
trois cents livres...

En outre de par le bail il a reçu 3.959 livres pour
acheter des moutons[1] ;

» De laisser à la fin de leur bail 105 poules, 10 cha-
pons, 7 oyes, 15 canards et 22 dindes. A déclaré le
sieur Terrasson qu'il paye neuf mille livres par an,
payables en deux termes égaux à Noël et l'autre à la
Saint-Jean-Baptiste ; qu'il s'est obligé à payer pour le
compte du dit seigneur de Gaucourt, à cause de man-
dements et délégations : à M. le marquis de Montagnac,
1.500 livres; à Benoît Courtain, 2.100 livres pour les
dixièmes; 680 livres, moitié de l'imposition de la pré-
sente année aux religieuses de Châteauroux; au garde
de la dite terre de Bouesse, 125 livres pour six mois de
ses gages; pour avoir fourni de l'orge aux chiens,
36 livres.

---

1. *Vers cette époque les moutons valaient 10 et 15 livres la paire: un bœuf de
90 à 100 livres. (Arch. Indre E 249 et 252.)*

» Nous nous sommes ensuite transportés à la maison
noble de Vilbaud, dépendante de la terre et seigneurie
de Gournay, sise paroisse de Gournay au domicile de
Julien Ferrant et Sylvain Simon fermiers.

» Lesquels nous ont répondu que dans leurs baux
ils sont chargés des gros bestiaux servant à l'exploitation de la ditte terre de 9.300 livres, qu'en outre, ils
doivent laisser des moutons pour la somme de
2.203 livres; que le dit bail est de la somme de
7.500 livres; qu'ils ont été chargés de payer de la part
du dit feu seigneur de Gaucourt sur le prix de leur bail
1.500 livres à M. le marquis de Gaucourt, seigneur de
Cluis.

» Et comme nous allions procéder à la clôture du dit
inventaire, a comparu en personne : haut et puissant
messire Gabriel-Nicolas-Sylvain, marquis de Montagnac, chevalier, seigneur de Cluis-dessus, Cluis-dessous, FORGES, FOURNEAUX EN DÉPENDANT, Chenerailles,
Estansannes, Saint-Chabrais, Lavaud de Mesne, La
Salle, Gastine et autres lieux, chevalier de l'ordre militaire de Saint-Louis, lieutenant général pour le roi de
la province de haut et bas Berry, lequel, tant en son
nom que comme mari et maître des droits de haute et
puissante dame Charlotte, Alberte de Gaucourt son
épouse, pour être payé de la somme principale de
60.000 livres qui est la dotte de sa femme et d'une somme
de 18.108 livres qui lui est due par la succession et par

privilège et hypothèque sur tous biens, notamment les terres de Bouesse et Gournay et toutes leurs dépendances situées dans cette province du Berry. »

Il résulte de cet inventaire que Mathias Raoul était au moment de sa mort dans une situation de fortune assez précaire et qu'il n'habitait plus régulièrement le château de Bouesse.

✤

Mathias-Raoul comte de Gaucourt-Clermont, meurt à Paris, dans son hôtel de la rue de Grenelle en 1783 :

Il avait comme enfants :

Louise-Gabrielle de Gaucourt, née en 1753, épouse de messire Joseph-Thomas, comte d'Espinchal ;

Madeleine-Flore-Calixte, née en 1768, épouse de Jacques Desacres, marquis de l'Aigle, et ensuite de M. Baudard Saint-James.

Silvain-Nicolas-Henri-Raoul, marquis de Gaucourt, guidon des gens d'armes de la garde ordinaire du roi en 1783, seigneur de Bouesse, Gournay et autres lieux, mestre de camp de cavalerie, puis lieutenant général des armées du roi ; né à Bouesse le 9 novembre 1755.

Par contrat de mariage, son père lui donne les deux terres de Bouesse et de Gournay sous réserve de l'usufruit et à la charge de payer en deniers trois légitimes dont deux à ses sœurs.

Il épousa le 14 Mars 1779 Armande-Pauline-Charlotte de Béthune.

Il mourut à Paris en 1821, en son hôtel de la place Vendôme.

Il eut une fille, Armande-Henriette-Aglaé, qui épousa en l'an XII le vicomte de Jumilhac, mort en 1818, et un fils, Henri-Raoul, né en 1782, élève à la Marine, examiné à Paris le 19 Floréal an VIII, nommé aspirant, dirigé sur Brest, attaché à l'état-major du général Leclerc. Embarqué sur l'*Indivisible* le 14 Messidor, il est blessé à Saint-Domingue et meurt à l'automne 1801.

Silvain-Raoul, marquis de Gaucourt, émigra en 1789 et en 1792 les terres de Bouesse et de Gournay furent vendues nationalement.

INVENTAIRE DE 1792

L'INVENTAIRE des biens mobiliers et immobiliers de Silvain-Raoul de Gaucourt, émigré, est conservé aux archives de l'Indre, où il a été copié pour les archives de Bouesse.

En voici les plus curieuses dispositions :

« L'an 1792, l'an premier de la République Française, le 13 Décembre;

» Nous, en notre qualité de commissaires du district de la ville d'Argenton,...

» Transportés au bourg de la commune de Bouesse, pour mettre à exécution la loi du 18 Avril 1792, relative aux biens des émigrés absents de ce département depuis plus de six mois.

» Que le sieur Silvain-Henri-Nicolas-Raoul de Gaucourt est absent de la commune depuis plus de deux ans, propriétaire de la terre et ci-devant seigneurie de Bouesse.

» Nous nous sommes transportés au domicile du citoyen Silvain Simon, fermier de la terre de Bouesse, suivant bail du 3 Juillet 1787, à charge de payer annuellement 13.000 livres, avec condition de laisser à la fin de son bail 17.300 livres de bestiaux, comprenant la masse des bestiaux des métairies de la terre de Bouesse, sauf la métairie de la Paillauderie qui n'est dans le bail.

» Il doit aussi laisser à sa sortie 3.950 livres pour acheter des moutons d'hivernage.

» Le sieur de Gaucourt s'était fait réserver par le dit bail le château et autres bâtiments, y compris même les fossés d'icelui, *petite et grande cour,* chenil aux chiens, colombier et les terrasses, secondement l'enclos du jardin dans lequel il y a un petit morceau de pré.

» Plus l'héritage, le Pavillon ; plus les maisons habitées par le piqueur et un des gardes ;

» Plus l'étang de la Thabalderie ;

» Plus la Thuillerie du bout ;

» Plus la moitié des lots et ventes provenant de la Mouvance de la terre de Bouesse ;

» Plus les profits féodaux, le droit de ceinture et la moitié des biens par la mort des serfs de la dite terre sans héritiers ;

» Plus 25 carpes, 20 tanches et 2 brochets des plus beaux dans les étangs ;

» Attendu que Simon expose qu'il doit quatre années de fermage..... etc. »

Suit un inventaire mobilier du château dont voici les indications présentant un intérêt pour la disposition et l'ameublement de cette époque :

Dans un cabinet..... « plus un bidet, *à l'usage des dames,* avec sa cuvette;

» Plus une liasse de papier sur laquelle il est écrit Madame de *Pédosont;*

» Plus une croix de fer et son collier servant autrefois à l'usage des enfants pour les faire tenir droits;

« En partant de la salle du rez-de-chaussée de la grande tour nous sommes entrés dans le colidor du *grand escalier en pierre,* où on trouve un service de porcelaine du Pont-aux-Choux. Ensuite nous sommes entrés dans la *prison* où nous n'avons rien trouvé qu'une chaîne en fer servant à attacher les prisonniers, d'environ cinq pieds de longueur, avec de grosses mailles.

» Ensuite nous sommes entrés dans la grande cave voûtée située auprès du puits *(cave retrouvée et remise en service lors de la restauration 1900).*

» Après avoir visité la petite écurie, vacherie, on passe, de l'avant-cour, dans la grande cour des écuries...

» Plus différents bois qui sont placés sous le portail de l'avant-cour du château, plus une porte en fer entrant du pont dans l'avant-cour, plus une autre porte de fer, en entrant de la cour du dit château dans le jardin, laquelle dite porte est placée sur le pont-levis *(pont-levis côté pré et bois charmilles)*, qui sont tous les objets trouvés dans les deux susdites cours. »

On continue l'inventaire :

» Premièrement, nous sommes montés par *le grand escalier en pierre de taille* et sommes entrés dans la chambre du dit sieur Gaucourt qui joint la chambre de dessus le puits.

» Ensuite nous sommes allés dans le grenier *au-dessus des trois porteaux*.

» Puis sommes passés dans la chambre de dessus le puits à côté de celle qu'habitait le sieur de Gaucourt quand il était à Bouesse... »

Dans l'inventaire de 1792, on trouve mention : « Aux deux portes du pont-levis et à la tour, trois cloches d'environ trente livres chaque...

« Et, pour répondre à la demande que lui ont fait les officiers municipaux de cette paroisse de leur représenter les terriers de Bouesse et Gournay, Louis-Guillaume Vergue du Goullet, notaire demeurant à Cluis-dessus, déclare que les deux terriers lui ont été remis en mains par le citoyen Raoul Gaucourt pour en faire usage pour l'établissement des droits des dites terres. »

« En continuation des opérations, nous nous sommes transportés au domicile du citoyen Louis Péroux au village de Villebout, paroisse de Gournay, fermier de la terre de Gournay, qui a déclaré qu'il tenait, à titre de ferme, la dite terre suivant bail du 3 juillet 1787, moyennant le prix de 12.000 livres, avec 9.300 livres comme masse des bestiaux des métairies, 2.203 livres pour les moutons.

On s'est enfin transporté à la Tuilerie, appelée des Boues, où on a trouvé dans la halle : 10.000 tuiles, 500 carreaux, 500 briques prêtes à cuire, le tout appartenant au dit sieur de Gaucourt.

Suit un procès-verbal d'établissement de commissaires gardiens des meubles... etc.

PLAN DU CHATEAU

RECONSTRUIT AU XVE SIÈCLE

MODIFIÉ AU XVIE

Des désignations qui précèdent, confirmées par l'état actuel du château, il ressort qu'entre la grande tour et le bâtiment des domaines, il y avait un corps de bâtiment surbaissé et probablement rajouté sous Henri IV *(à en juger par le style des balustres de l'escalier d'honneur)*.

Cette construction, qui couvrait le puits actuel dont l'emplacement n'a pas changé, séparait l'avant-cour de la cour d'honneur où l'on entrait par trois portails.

L'escalier en pierre de taille prenait naissance dans la galerie Renaissance, probablement ouverte par des arcatures, qui formait le dessous de cette construction au milieu de laquelle se trouvaient les trois portiques d'entrée dans la grande cour d'honneur. Au temps de la splendeur de Bouesse, cette construction rejoignait un autre corps de bâtiment principal, aujourd'hui occupé par les domaines, comprenant une très grande pièce décorée à chaque extrémité d'une cheminée monumentale, en pierre, du xve siècle, dont les montants sont encore en place. Cette salle, appelée dans certains actes *salle des fêtes,* avait des ouvertures à meneaux, dont il ne reste qu'un spécimen, avec ornementation de triples colonnettes en pénétration dans les pierres des linteaux et des appuis, beaucoup plus richement ornées que dans le logis actuellement habité; aucun document ne permet d'établir la disposition de ce second et important corps de logis. Dans la restitution du vieux Bouesse, on a essayé, d'après les détails des Inventaires, de reconstituer le plan et l'élévation de la construction *aux trois porteaux,* séparant les deux cours et réunissant l'un à l'autre les deux principaux corps de bâtiments; l'un, celui qui fait le logis actuel resté tel qu'il était et qui s'étend entre le donjon et la petite tour du Midi, l'autre placé entre la tour du Nord ou la prison aujourd'hui décapitée et la tour de l'Ouest toujours intacte avec une belle charpente *signée.*

Les quatre tours, orientées aux quatre points cardinaux, étaient d'abord couvertes en bardeau de châtaignier, puis en tuiles telles qu'elles se comportent actuellement.

Il y avait tout autour du château une courtine *(mur d'enceinte)* très haute qui, partant de la grande tour, se butait d'abord sur une petite tour, ouvrage avancé que j'ai fait détruire et qui se trouvait non loin du pont d'entrée, défendu lui-même par deux tourelles dont on voit encore les avancées rondes.

Du pont d'entrée, la courtine rejoignait la tour de la prison, découronnée aujourd'hui, et gagnait le grand corps de logis de la salle des fêtes, séparé lui-même de la tour de l'Ouest par un mur à créneaux et couvert de meurtrières. *(Ces meurtrières existent encore partout sur les murs et sur les tours.)*

De cette tour, pour rejoindre la tour du Midi, se continuait la grande courtine dont l'arrachement existe encore, avec un chemin de ronde protégé d'où l'on pénétrait dans l'intérieur.

Des doubles fossés larges chacun de six mètres, séparés par un remblai de quatre mètres, couraient tout autour des courtines à l'extérieur pour en défendre l'accès et devaient, à la construction primitive, se continuer entre les deux tours Est donjon et Midi, mais il est probable que, pour la commodité de l'habitation, on les a remblayés sous Louis XIV, peut-être même avant, pour faire cette terrasse qui s'étend aujourd'hui entre ces deux tours et qui reste un des charmes de Bouesse.

Pour finir cette description, il convient d'ajouter que le colombier dont il est parlé existait à soixante mètres en avant du château dans les prés actuels et a été détruit depuis.

La restitution du vieux Bouesse a été faite en suivant exactement le plan à terre des courtines, la trace des fossés et terre-pleins, sauf pour le bâtiment séparatif des deux cours, dit des trois porteaux, dont les fondations nous ont donné l'emplacement et les inventaires la disposition.

Ecus sur la grosse tour.
Machicoulis de la grosse tour.
Louis XI.
Charles VIII.
Dauphin Orland.
de Gaucourt.
RESTITUTION
DU CHATEAU DE BOUESSE en BERRY
1399 ~ 1499
Profil
Plan à 0,001½ pour 1 mètre.

ALIÉNATION DES BIENS NATIONAUX

VENTE DU CHATEAU ET DES TERRES

Procès-verbaux du 3o Fructidor an IV et 19 Germinal an VI.
Estimation du 27 Brumaire an VI.

LES procès-verbaux d'estimation des cheptels et ensemencements de la terre de Bouesse, ceux de la vente du château et des terres, faisant partie des Domaines Nationaux sont conservés aux archives de l'Indre[1], avec l'indication des prix payables en assignats.

Voici les estimations faites à cette époque et les adjudications :

« Vendu et délaissé dès maintenant et pour toujours au citoyen Joseph-Hyacinthe Thabaud Latouche, demeurant à Mouhers, commune de Neuvy, représenté par le citoyen François Duris Boulimbert...

[1]. *Biens nationaux, série Q 133ª.*

Le Château de Bouesse, canton de Saint–Marcel, consistant en... *(La désignation ne diffère pas de l'inventaire de 1792).*

» Cette vente est faite, moyennant la somme de 7.785 livres que l'acquéreur promet et s'oblige de payer en mandats territoriaux ou promesses de mandats [1], savoir : moitié dans la décade de ce jour et l'autre moitié dans les trois mois.

VENTE DES TERRES DE L'ÉMIGRÉ GAUCOURT

	Livres.
La métairie de la Tuilerie, adjugée au citoyen Peureaux de Saint-Benoît-du-Sault, pour	160.000
La métairie de la Paillauderie, adjugée au citoyen Ballereau de la Touche, pour	266.000
La métairie de la Garaude, adjugée au citoyen Fromenteau de Châteauroux, pour	90.000
La métairie de Lizatte, adjugée au citoyen N. Drechesne de Châteauroux, pour	100.000

1. *En Germinal an VI (mars 1798), époque de la vente des terres de Bouesse, les mandats territoriaux avaient remplacé les assignats comme papier monnaie.*

CHATEAU ET TERRE

Livres.

La métairie de Loubatière, adjugée au
citoyen N. Drechesne de Châteauroux,
pour 100.000

La métairie des Brandes, adjugée au
citoyen N. Drechesne de Châteauroux,
pour 104.000

La métairie des Touchettes, adjugée au
citoyen Antoine Bruneau, officier de
santé de Châteauroux, pour. 154.000

La métairie de l'Age, adjugée au citoyen
Jean-Sébastien Royé, pour 86.000

La métairie de Fontpare, adjugée au
citoyen Pierre-Henry Duperthuis, de
Châteauroux, pour. 285.000

La métairie des Camus, adjugée au citoyen
Sylvain Simon, à Bouesse, pour . .   400.000

La métairie « la Grande Métairie », adjugée
au citoyen Étienne Caquelin, à Paris,
pour 320.000

La métairie des Bégats, adjugée au citoyen
Henry Beaujon, de Bezagette, pour .   280.000

La métairie des Migniez, adjugée au
citoyen Sylvain Simon à Bouesse,
pour 300.000

87

Livres.
—

Le domaine des Molles, adjugé au citoyen
Peureaux de Saint-Benoît-du-Sault,
pour 300.000

Le domaine du Breuil, adjugé au citoyen
François Veillat, de Châteauroux,
pour 270.000

Le domaine de Talbot, adjugé au citoyen
Guillaume Thabaud, de Paris, pour. 405.000

Maison, aux Patrats, adjugée au citoyen
Pinard à Bouesse, pour 4.500

Maison du fermier de Bouesse avec le pré
Gaillard, le pré du Colombier, le pré
Plumet, le pré du Moulin, le pré des
Noyers, le pré Neuf; le bois Forget,
le taillis de Bouesse, le taillis des
Buissons de Chèvres, le tout adjugé
au citoyen Alexis Poële, pour . . . 610.000

Maison à Bouesse, adjugée au citoyen
Joseph Ferrand, pour 19.000

Maison à Bouesse, adjugée au citoyen
Jean Méline, pour. 4.700

Maison à Bouesse, adjugée au citoyen
Delaine, pour 5 000

Maison à Bouesse, adjugée au citoyen
Philippe Pinard, pour 9.000

Livres.

La brande de Nielloup, mille boisselées
à P. Delaveau de Bézagette. 24.800

La brande de Fontpare, 3oo boisselées aux
citoyens Chabenat et J. Ferrand . .   1.5oo

Le bois taillis du Pied-Ferré, 8o arpents,
1100 vieux arbres futayés, aux citoyens Peyroux de Gournay et Gabriel
Vergue, de Cluis. 85.ooo

Le taillis des Charmilles, 11 arpents à
Alex. Poële, de Cluis. 3o.5oo

L'étang des Boues pour 700 de nourin au
citoyen Peuraux, pour 20.ooo

L'étang de la Taupillière pour 1.ooo de
nourin, à Rochoux de Neuvy, pour
Guillaume Thabaud, place du Carrou-
sel, Paris, pour 3.ooo

L'étang du Perroquet, à nourin, au citoyen
Peuraux 3.ooo

L'étang de la Talbazerie, pour 8oo de
nourin, au citoyen Bruncau 12.5oo

L'étang de Fontpare, pour 1.2oo de nourin,
au citoyen Duperthuis 21.5oo

L'étang du Nielloup, pour 700 de nourin,
au citoyen Rochoux, de Neuvy . . .   25.ooo

Livres.

L'étang du Cimetière, pour 1.000 de nourin, au citoyen Poële, de Neuvy.   27.000

Le four et le moulin de Talbot . . . . .
Le moulin à vent de Milliabeuf . . . . .

TOTAL DE L'ADJUDICATION . . Livres   4.526.000

Payables en mandats territoriaux [1].

Il résulte du procès-verbal d'estimation des cheptels et ensemencements de la Terre de Bouesse que, dans les 16 métairies, il y avait pour 24.528 livres de cheptel vif : chaque exploitation rurale comprenait de 4 à 6 bœufs de labour et généralement une ou plusieurs juments; dans 5 métairies seulement on élevait des moutons et des porcs et dans quelques-unes étaient établis des ruchers comptant jusqu'à *18* paniers d'abeilles.

Les ensemencements, dans tous les domaines réunis, prenaient *93* boisseaux de *froment* [2], *1369* de *seigle* et 7 d'*orge*... ce qui prouve une culture peu intensive !

---

1. *100 livres de papier monnaie valaient, à cette époque, environ 10 francs.*

1. *Le boisseau de froment valait, en 1797, 1 l. 70 s.; il valait en 1913 : 2 fr. 25 c.*

DEMANDE D'INDEMNITÉ DES DESCENDANTS

DE L'ÉMIGRÉ GAUCOURT

Les Descendants de l'Émigré Gaucourt, dépouillés de leurs possessions en Berry, font une demande d'indemnité, en raison des aliénations faites par l'État des biens fonds dans la possession desquels l'ancien propriétaire n'est pas rentré.

Dame de Gaucourt, veuve Montaignac, âgée de plus de 80 ans, écrit le 29 Fructidor an IX, au citoyen Préfet de l'Indre pour lui dire :

« J'ai fait les plus grands sacrifices vis-à-vis mes » créanciers, en leur abandonnant la majeure partie » de mon douaire, afin de me procurer de quoi avoir » du pain; mes enfants se servent de toutes les ruses » que la chicane a pu inventer pour se soustraire au » payement de ce même douaire. Au nom de la justice

» et de l'humanité souffrante, je vous prie de liquider
» la part que la loi m'accorde de mon bien...

» Ce faisant, j'adresserai des vœux au ciel pour
» votre conservation et ma gratitude sera sans bornes. »

Une enquête faite au sujet de cette demande con-
clut : « Que l'une des filles de Mathias-Raoul, comte
de Gaucourt émigré, Madame veuve de l'Aigle, actuellement épouse de M. Baudard Saint-James [1] a eu un
lot en immeubles lors du partage de présuccession ;

» Que dans tous les cas, ni cette dame, ni sa sœur
n'ont droit pour les biens situés dans le département
de l'Indre, attendu que les deux terres de Bouesse et
de Gournay avaient été données par le comte de Gaucourt leur père, à M. le marquis de Gaucourt, son fils,
leur frère, par son contrat de mariage 1779, sous la
réserve de l'usufruit qui s'est éteint par la mort du
donateur en 1783.

» Ces sœurs seraient tout au plus créancières sur
l'indemnité, à raison de leurs dots si toutefois elles
n'en ont pas été remboursées par Mme veuve comtesse
de Gaucourt, née de Ficubet, leur mère. »

» Silvain-Nicolas-Henri-Raoul, fils de feu le comte
Raoul de Gaucourt, mort en 1783, est actuellement

1. *Descendant de Baudart Saint-James, trésorier-général de la Marine, sous le ministre Sartines et propriétaire de la Folie Saint-James. La légende dit que ce dernier, compromis dans l'affaire du Collier de la Reine, fut envoyé à la Bastille et sa banqueroute déclarée.*

représenté par une fille unique, veuve de M. Chapelle, vicomte de Jumilhac.

« Cette dame justifie que par le contrat de mariage de M. le marquis de Gaucourt, passé en 1779, son père lui avait assuré ses deux terres de Bouesse et de Gournay après son décès. »

La vicomtesse de Jumilhac seule obtient une indemnité de 312.941 livres pour les terres de Bouesse et de Gournay, vendues par l'État sur son père.

LES DESCENDANTS DES GAUCOURT

LA famille de Gaucourt s'est éteinte par les mâles. Les familles de Macors et de Baudard Saint-James qui en sont issues par les femmes ont été autorisées à relever le nom de Gaucourt. En effet, Gabriel-Sylvain-Nicolas, comte de Gaucourt, né à Bouesse le 20 Décembre 1736, chevalier de l'ordre militaire et hospitalier de Saint-Jean de Jérusalem, lieutenant-colonel au régiment de Boufflers, avait épousé, le 8 Janvier 1774, Mlle Heyblot, fille de Noble Léopold, écuyer, ancien officier d'infanterie, et de dame Du Bois, dame d'honneur de Madame Royale Élisabeth d'Orléans, nièce de Louis XIV. *L'Hôtel de Gaucourt, à Commercy, a été terminé pour ce mariage; situé au milieu de la ville, il a conservé ses constructions, son grand jardin et son mobilier de l'époque.*

De leur union étaient issus trois enfants :

1° Charlotte-Alberte de Gaucourt, morte sans postérité;

2° Pierre-Donatien, vicomte de Gaucourt, né le
11 Mai 1786 à Commercy (Meuse), entré au service
dans les gendarmes d'ordonnance de Napoléon Ier,
incorporé aux chasseurs de la Garde Impériale le
24 Novembre 1807, nommé sous-lieutenant le 28 Décembre 1809, a fait les campagnes de 1807, 1808 et 1809.
Passé en Espagne cette même année, blessé d'une balle
et de dix coups de sabre à la tête et aux épaules, au
combat de Bénévent le 29 Décembre 1809. Mort à
Commercy, le 16 Octobre 1810, des suites de ses bles-
sures.

3° Marie-Thérèse de Gaucourt, née à Commercy
le 24 Août 1789. Par *la diète de Quercy et les établis-
sements de Saint-Louis,* elle transmettait le nom et les
titres des Gaucourt à sa descendance, ce qui fut sanc-
tionné par ordonnance du roi le 13 Mai 1844.

Marie-Thérèse de Gaucourt épouse à Commercy,
en Octobre 1811, François-Balthazard-Madeleine
Macors, fils de noble Balthazard-Jean Macors, conseiller du roi, et de demoiselle Jeanne Goulard de Curaise.

De leur union sont issus quatre enfants :

1° Marie-Louise, qui épouse Jolif du Colombier,
général de brigade; sans postérité.

2° Alberte-Charlotte, décédée sans union.

3° Joséphine Élisabeth, décédée sans union.

4° Alexandre-Camille-Adélaide, né le 21 Juin 1821, commandant de hussards, charge en 1870 à la tête de son escadron du 7° Hussards à la bataille du 16 Août, dans une charge appelée « Légendaire » par les Allemands. Nommé peu après colonel.

Le chancelier de Bismarck séjournant à Commercy a voulu habiter l'hôtel des Gaucourt, et dans ses mémoires il est dit *(Extrait du journal* Le Matin *23 Septembre 1898)* :

« Le chancelier avait logé dans la rue des Fontaines à Commercy, dans l'admirable hôtel du comte de Gaucourt; le comte faisait partie de l'armée française, il avait suivi son régiment. C'était un gentilhomme distingué, descendant des ducs de Lorraine. Il avait un joli jardin, plein de fleurs derrière la maison et au delà un grand parc boisé ».

Le colonel de cavalerie de Gaucourt est mort en 1908 à Commercy.

Il avait eu deux enfants : Gabriel de Gaucourt, mort élève à l'école de Saint-Cyr, et Thérèse de Gaucourt.

J'ai eu l'occasion d'aller voir le dernier descendant des Gaucourt dans la vieille demeure de ses ancêtres, à Commercy.

C'était un magnifique vieillard, sans aucune infirmité, d'une parfaite aménité et qui, tout en me montrant l'ameublement de sa maison restée telle qu'elle avait été aménagée en 1750, m'a donné de précieux renseignements sur les Gaucourt à Bouesse.

Le colonel de Gaucourt est venu lui-même au château de Bouesse peu de temps avant sa mort, accompagné de sa fille Thérèse. Il est impossible de décrire le plaisir avec lequel il a parcouru ce château où tant de Gaucourt avaient passé.

Nous sommes allés ensemble à Cluis-dessus voir l'ancien château des Gaucourt et au château de Paumulle où il a pu identifier les portraits de famille venant de Bouesse et enlevés au moment de l'acquisition de M. Étienne Thimel en 1855, savoir :

1° Madeleine de Gaucourt, la belle comtesse;

2° Le comte Joseph, mort sans enfants en 1684;

3° Charles V de Gaucourt et sa femme Gilberte d'Acy;

4° Charles VI, comte de Gaucourt, et sa femme Alberte-Brigitte de la Baume Montravel, 1687;

5° Charles-Sylvain, marquis de Gaucourt, et sa femme Marie de Valois Mursay.

Enfin, Madame de Maintenon, parente de Marie de Mursay.

Le colonel de Gaucourt, qui aimait raconter ses

campagnes, avait une curieuse particularité : à tout moment, il s'arrêtait dans sa narration pour dire sur le ton du commandement : « Allume! Allume! Courte Queue. »

Interrogé sur cette fréquente appellation, le colonel me raconta qu'à la charge du 7ᵉ Hussards, 16 août 1870 [1], il n'avait dû la vie que grâce à l'ardeur de l'admirable jument « *Courte-Queue* » excitée par ces mots qu'il redisait souvent malgré lui,

La famille des Baudard Saint-James, qui n'a pas relevé le nom des Gaucourt, est aujourd'hui représentée par Mᵐᵉ la baronne de Treil de Pardailhan qui possède le château d'Autricourt *(Côte-d'Or)*. Le château, héritage des Valois-Mursay, avait été fréquenté par les Gaucourt pendant une période de dix années, de 1780 à 1790.

1. *Dick de Lonlay, Histoire du 7ᵉ Hussards.*

BOUESSE APRÈS LA RÉVOLUTION

APRÈS la Révolution, le château de Bouesse, qui avait été acheté au moment de l'aliénation des domaines nationaux le 3o Fructidor, an IV, par Joseph-Hyacinthe Thabaud Latouche, fut revendu à Alexis Poisle-Desgranges, qui avait épousé Gabrielle-Anne de Lestrange et qui moururent tous deux à Bouesse en 1846.

Alexis Poisle avait racheté successivement une partie de la terre de Bouesse, entre autres la grande métairie.

Les descendants d'Alexis Poisle :

Henri Poisle qui épouse Clotilde Molliet *(sœur de la mère de madame Alphonse Bottard),* ont eu pour enfants :

Louis Poisle, mort sans postérité;

Anna Poisle, qui épouse M. Charles Piette dont la fille adoptive épouse M. Raveau, maire de Bouesse.

Elisa-Gabrielle-Charlotte Poisle, décédée vers 1890 à Paumulle.

Virginie-Adélaïde-Charlotte Poisle, qui épouse Frédéric-Joseph de Merbitz; ils rachètent le château et les terres de Bouesse en 1835 : leur fille Alberte épouse M. Pinès : de ce mariage, une des filles qui épouse M. de Paumulle.

LA FAMILLE THIMEL A BOUESSE

1855

Mr Étienne Thimel, d'origine bourguignonne, qui demeurait à Paris, 134, rue Saint-Dominique-Saint-Germain, vint en Berry dans l'idée d'avoir une propriété pour faire de l'agriculture; il achète Bouesse et les terres en 1855. A cette époque le château était en très mauvais état. On peut du reste s'en rendre compte en voyant un dessin à la mine de plomb exécuté par M. Alexis Petit, père de notre ami et voisin de Bouesse M. Paul Petit.

Le dessin a été fait un jour d'assemblée ou foire de Bouesse, le 24 juin. On voit les ramées, qui servaient d'abri pour les déjeuners de ces réunions installées devant le château.

M. Étienne Thimel, tout en respectant les restes de l'architecture ancienne, répara le château pour pouvoir l'habiter. Il trouva la terre à l'état de culture pastorale, constituée en partie par les brandes d'ajoncs qui couvraient alors une partie du bas Berry.

Fourrages! bétail! bâtiments! tout était à créer à la fois. Or, point d'agriculture sans fumier! Point de fumier sans bétail! Point de bétail sans fourrage! Par où commencer?

Ceux qui ont passé par ce long enfantement de la production fourragère, faisant avancer péniblement et du même pas l'amélioration du bétail, des bâtiments, des chemins d'exploitation, savent seuls combien d'écueils se dressent sur la route à suivre, combien de conditions réunies sont indispensables à la réussite : connaissances agricoles pratiques, volonté patiente, prudente et persévérante du chef d'exploitation, capital suffisant, voilà les principales; qu'une seule vienne à manquer et l'œuvre reste inachevée.

M. Étienne Thimel, d'une robuste santé et d'une intelligence bien avertie, commença par voir les premiers efforts faits dans ce côté du Berry.

Dans la propriété de Lanscosme, en Brenne, M. Crombez commençait la période de défrichement, puis semait des bois sur de grandes étendues, principalement dans les endroits les moins favorables à la culture.

A Bouesse, M. Étienne Thimel, comprenant parfaitement le rôle du propriétaire dirigeant, s'était fixé au milieu de ses ouvriers. Il commença par leur donner autour du château les terrains nécessaires pour se faire des habitations.

Le domaine, dès 1855, a tout d'abord été exploité par des métayers à qui M. Thimel fournissait le capital sous forme de drainage, bâtiments d'exploitation, chaulage et augmentation progressive des cheptels. Mais il se rendit bientôt compte que pour arriver rapidement à une culture intensive, le faire valoir direct est seul efficace; aussi, dès 1857 il conduisit directement son domaine.

Composé à l'origine de 200 hectares d'un seul tenant, dont 14 de bois, 7 de prés médiocres, 65 de terre à l'état d'épuisement complet, et de 114 de brandes et broussailles, le domaine de Bouesse est placé sur les confins de la Brenne et du Boischaut et participe inégalement aux conditons géologiques des deux contrées.

Pour la plus grande partie; c'est un sol siliceux, d'une épaisseur variable, reposant sur un sous-sol argilo-siliceux imperméable et traversé par quelques rares veines de grès, tandis que les 50 hectares, qui forment la vallée du Creuzançais et entourent l'habitation, offrent un terrain argileux, mélangé de cailloux, et un sous-sol argileux. Partout le calcaire fait défaut. Le chaulage et la concentration du peu de fumier produit par le maigre cheptel vivant dans les landes

firent obtenir d'abord quelques trèfles mélangés de
ray-grass, quelques racines, quelques fourrages verts,
et les achats de foin nécessaires aux attelages diminuè-
rent peu à peu. D'un autre côté les seigles, semés au
noir animal et plus tard au phosphate de chaux sur
labour de défrichement, vinrent assurer la production
des pailles nécessaires.

A mesure que la progression des défrichements
éloignait la culture des bâtiments d'exploitation, des
chemins d'accès étaient construits et s'avançaient, suivant un plan d'ensemble préalable.

L'imperméabilité du sous-sol était l'obstacle le
plus sérieux. Les grandes pluies et les grandes séche-
resses arrêtaient les travaux et compromettaient les
récoltes.

Après quelques essais dispendieux de drainages en
cailloux, l'établissement, à faible distance, d'une fabrique de tuyaux fit décider le drainage complet des
terres les plus humides.

Les résultats démontrèrent bien vite que cette
opération, judicieusement appliquée aux terres d'une
qualité suffisante, est indispensable quand on veut
compléter le capital nécessaire à une culture intensive.
Avec le drainage, plus d'incertitude dans les ensemencements en temps opportun et en bonnes conditions;
plus d'arrêts complets des attelages et, par suite, de

surcharges de travail; enfin, possibilité de produire de la luzerne.

Dans la marche en avant, chaque parcelle défrichée devait être une position conquise et rester en culture non interrompue.

M. Etienne Thimel constitua trois assolements différents se partageant l'exploitation : D'abord le défrichement avec ses trois ou quatre pailles successives pour épuiser la couche de détritus des brandes; puis, d'une part, les meilleures terres drainées, fortement chaulées, abondamment fumées, produisent alternativement betteraves, blé, trèfle ou luzerne; et, d'autre part, les terres plus légères, assainies à ciel ouvert, donnent colza ou pommes de terre, blé ou seigle, trèfle ou minette, avoine d'hiver, vesce.

Bouesse était dans un pays d'élevage, le bœuf est donc l'animal de trait indiqué et la nourriture verte, alimentation par excellence des bêtes à cornes, devient le but de la production fourragère.

Les navettes, colzas et seigles, semés à la fin de la rotation arrivent dans les derniers jours de Mars et dans le courant d'Avril ; viennent ensuite le trèfle incarnat et les vesces d'hiver ; puis les fourrages d'été semés sur abondante fumure ; vesce de printemps, maïs et colza.

Après les regains de prairies, arrivent pour l'hiver

7.

les betteraves, les choux du Poitou, les carottes, les topinambours, qui sont consommés avec des balles, sous forme de mélange fermenté. Cet assolement de plantes sarclées ou de cultures fourragères coupées vertes assure la propreté des céréales et ne fatigue point les terres. Le manque de prairies naturelles était la grande difficulté de la mise en marche des propriétés de brandes comme Bouesse ; mais les pentes naturelles amènent dans certaines parties de grandes quantités d'eaux pluviales. La création de prairies était donc un but tout tracé.

Des essais trop hâtifs, démontrèrent bien vite qu'il faut au moins six ou huit ans de culture non interrompue, des amendements et des engrais répétés pour changer la nature du sol et détruire les plantes nuisibles.

Un ensemencement très soigné, des graines bien choisies, des irrigations bien entendues, devaient assurer ensuite le succès.

Les prairies créées à Bouesse par M. Étienne Thimel, arrosées par les eaux de cours mêlées aux eaux des pentes supérieures, fumées successivement chaque hiver avec des composts, donnèrent des résultats satisfaisants et comme première coupe et comme regains pacagés.

Cette production fourragère croissante, permettant de nourrir un cheptel plus nombreux et de plus grande taille, de nouveaux bâtiments étaient devenus nécessaires et ont été construits sur le modèle de la vacherie de l'ancienne ferme impériale de Vincennes.

Le propriétaire de Bouesse chercha toujours à faire marcher parallèlement l'amélioration du sol et l'amélioration du cheptel vivant. Car, sans bétail, point d'agriculture ; sans bon bétail, point de bonne agriculture.

Les bêtes à cornes originaires étaient sans race, sans formes déterminées ; impossible de trouver là un type à améliorer.

La race parthenaise, la plus estimée dans la contrée, était rustique, apte au travail, engraissait facilement, mais restait un peu courte.

L'élégance et la légèreté de marche du bœuf limousin, ses formes plus allongées offraient un moyen d'amélioration ; M. Étienne Thimel tenta l'achat de belles vaches limousines et d'un taureau parthenais.

Les résultats répondirent à ses efforts ; l'abondance de la nourriture accompagnant le développement de la taille et y aidant, les meilleurs sujets étant toujours choisis comme reproducteurs, l'ensemble de l'écurie prit peu à peu un cachet d'homogénéité et comme forme et comme couleur.

Trente vaches donnèrent bientôt des produits qui

eurent la démarche vive et facile, l'aptitude au travail et à l'engraissement et cette couleur grise alors si estimée sur les foires du pays.

L'initiative agricole de M. Étienne Thimel a été affirmée par de nombreuses récompenses.

Les commissions de la Société d'Agriculture de l'Indre et celles des concours régionaux ont fait son éloge par la voix autorisée et éloquente de leurs rapporteurs, elles lui ont décerné de 1863 à 1883 :

Huit premiers prix, dix deuxièmes prix;

La grande médaille d'honneur de 1865;

La médaille de défrichements en 1866;

Le grand prix Cultural du Ministère de l'Agriculture, comme propriétaire exploitant en 1874;

La Coupe d'Honneur de l'association en 1880;

Le prix Cultural de 1ʳᵉ Catégorie et la Coupe d'honneur du Ministère de l'Agriculture au concours régional de 1882.

Ces objets d'art, conservés à Bouesse rappellent ses mérites agricoles et son travail persévérant.

A l'heure de la retraite la croix de Chevalier du Mérite Agricole vint, en lui rappelant ses triomphes, lui témoigner que ses glorieux succès n'étaient ni méconnus ni oubliés.

L'œuvre achevée ne devait avoir qu'après de longues années une valeur vénale égale à sa valeur de revenu, puisque les propriétés voisines n'évoluaient pas; bien plus, cette exploitation florissante entre les mains de son propriétaire aurait pu perdre de valeur à sa disparition. Car tant vaut l'homme, tant vaut la chose.

Le fils de M. Étienne Thimel, M. ÉMILE THIMEL, qui racheta Bouesse à son père en 1884, fut le digne continuateur de l'œuvre paternelle.

La tournure de son esprit, séduit par tout ce qui touchait à l'art de l'ingénieur, le conduisit à compléter les drainages et à développer les irrigations des prés. Il s'y consacra de 1884 à 1909.

Il réussit la création de prairies, prises sur des parties de bois arrachés sans défrichement, sans grand semis de graines, avec un nivellement sommaire, des irrigations et l'apport de 10.000 kilogrammes de scories de déphosphoration, opération agricole nouvelle et qui a été très remarquée.

Il exécuta un barrage sur la rivière du Creuzançais qui traverse les prairies devant le château, pour pouvoir, à l'aide d'une de ses machines à vapeur et de longs tuyaux de fonte, arroser les prés et augmenter leur regain.

Secrétaire de la Société d'Agriculture de l'Indre,

M. Émile Thimel fut chargé de missions et rédigea des rapports très appréciés.

Remarquable au point de vue technique, il mérite aussi un hommage plus délicat : ceux qui ont eu le plaisir de l'approcher étaient séduits par ses conversations variées, ses jugements sur les évènements et les hommes et par ses vues sur les grandes questions qui occupent les penseurs. Aussi les sympathies sincères et les cordiales amitiés n'ont-elles pas manqué à ce beau caractère plein d'enthousiasme.

Sans ambition, il aimait la vie familiale, il avait l'amour de sa terre, de ses métayers et de ses ouvriers agricoles.

Il avait reçu la croix de chevalier du Mérite Agricole qu'il n'avait pas sollicitée.

M. Émile Thimel, doué d'un esprit très pratique, divisa la terre de Bouesse en plusieurs domaines construits et aménagés en métayage par ses soins. Il augmenta ainsi les revenus de sa propriété.

A la mort de M. Émile Thimel, en 1909, Bouesse était en plein rapport.

Le nouveau possesseur de Bouesse, M. GEORGES POUSSIELGUE-RUSAND, son gendre, continua les travaux d'art, toujours en honneur à Bouesse. Il restaura le château.

Une source captée à 2 kilomètres du château, à

l'aide de forages de puits de 10 mètres de profondeur, amenée dans un réservoir de ciment armé de 110 m^3, creusé dans le champ de la captation, vint apporter à la maison et aux métairies voisines le bienfait d'une eau pure et abondante, avec une pression de 20 mètres au pied du château.

Ce travail, examiné en 1914 par la Société d'Agriculture de Châteauroux, a obtenu une grande médaille d'argent.

Malgré les mauvaises récoltes de plusieurs années consécutives, la cherté de la main-d'œuvre et le prix toujours augmentant des domestiques de ferme, mais, grâce au développement intensif du bétail, les métayers, grands travailleurs, arrivent à élever leurs familles de moins en moins nombreuses, hélas! et souvent à constituer un pécule, fruit de leur économie.

C'est ainsi que se conserve encore dans ce pays du Berry cette admirable institution du métayage qui, par le partage des gains et des pertes, l'association du capital et du travail, est un exemple de bon socialisme.

Il n'est pas rare de voir dans les domaines de Bouesse des ouvriers agricoles travaillant dans l'exploitation depuis de nombreuses années. Un ouvrier terrassier obtint à la Société d'Agriculture *(Concours d'Argenton 1914)*, une médaille pour 51 ans de séjour sans interruption sur la terre de Bouesse.

Un autre est attaché à la réserve depuis 24 ans ; un conducteur de machine à vapeur, actionnant la batteuse, fait le métier depuis 45 ans avec la même locomobile.

Le vieux château a été restauré, partie par partie, de 1894 à 1914. S'il n'est pas la restitution du château fort de 1492, puisqu'on n'a pas voulu relever les courtines qui l'entouraient, il a conservé ses grandes salles avec les cheminées et les plafonds de l'époque.

On peut toujours admirer l'heureuse silhouette de son Donjon d'une juste proportion *(33 mètres sur 11)*, et la couleur dorée par le soleil couchant de sa vieille pierre d'AMBRAULT, dont la carrière a servi à construire la cathédrale de Bourges.

Du château, la vue intime s'étend sur de grandes prairies limitées par des bois et par ces horizons paisibles qui font le charme de ce pays de Berry, silencieux, gracieux et monotone.

Dans les prés, un bouquet de grands arbres souligne une *fontaine* à laquelle la tradition attribue une vertu toute spéciale :

Les amoureux qui viennent y boire dans le même verre sont sûrs de s'aimer toujours. Les amoureux d'autrefois ont passé comme passeront ceux d'aujourd'hui ; mais grâce à la fontaine, leur amour demeurera éternellement.

Les vieilles femmes du pays viennent y tremper leurs étoffes de couleur, persuadées que grâce à ce bain elles ne passent plus au soleil. Ainsi, la fontaine, quasi miraculeuse, conserve et l'amour aux amoureux et les nuances vives aux étoffes neuves.

La douce mélancolie des vieilles pierres, les prés où paissent les bœufs blancs, la rivière qui serpente, la chute d'eau qui chante, les futaies qui encadrent la vue et aussi la fine lumière du Centre qui éclaire le paysage font la joie des artistes qui fréquentent notre vieille demeure.

L'aménagement intérieur du château a le pittoresque et la simplicité du moyen âge. Les pièces de la Tour ont conservé leurs murs blancs, les bancs de veille et les cheminées monumentales en pierre, aux armes sculptées des GAUCOURT inscrites dans des formes géométriques, variant suivant les étages.

Les dressoirs et les bahuts de cette époque bien française apportent leur note rudimentaire dans cette ambiance un peu monastique.

Les salons « de compagnie » ont conservé le style du XVII° siècle qui donne aux réunions familiales un cadre plein de gaîté et fait valoir la gracieuseté des silhouettes féminines.

Qu'en adviendra-t-il après nous de cet ensemble où la tradition a été respectée, recherchée et aimée par trois générations successives ; les uns appliquant leur intelligence et leur activité pratique à la terre, cette maîtresse captivante, mais avare de ses faveurs ; d'autres d'une tendance plus spéculative, se complaisant à la recherche du passé et au charme de l'histoire des vieilles pierres qui les abritent pendant les jours heureux où la nature en fête prête à la rêverie et à l'idéal.

L'avenir seul reste inconnu, mais il n'est pas imprévu, car tous se sont unis dans un même amour de la continuation, avec la pensée qu'en aidant leurs enfants à aimer le *vieux Bouesse,* ils y auront laissé un peu du meilleur d'eux-mêmes et aussi un souvenir vivant de l'affectueuse tendresse pour leurs suivants et du désir de leur assurer, au milieu de tant d'évolutions, une demeure calme et bien familiale.

Juillet 1914.

DOCUMENTS CONSULTÉS

Lettres de M. le comte Ferdinand de Maussabré, 1894.

Textes communiqués par M. Eugène Hubert, Archiviste du Département de l'Indre.

Textes communiqués par M. Fred. Sœhnée, Archiviste aux Archives Nationales.

Textes communiqués par M. Joseph Pierre, Directeur de la Revue du Berry.

Archives de M. le Colonel de Gaucourt, à Commercy, (Meuse).

Archives du Département de l'Indre.

Greffe du Tribunal de Châteauroux.

Bibliothèque Nationale : Manuscrits et Imprimés.

Archives des Affaires Étrangères.

Archives du Ministère de la Guerre.

Bibliothèque de l'Arsenal.

Bibliothèque de Tours.

Mairie de Bouesse, (Indre).

Mairie de Cluis, (Indre).

Mairie de Preuilly-sur-Claise, (Indre-et-Loire).

IMPRIMERIE
CHAIX.
1506-